The Key
啟動正向吸引力的鑰匙

喬·維托（Joe Vitale）◎著

藍毓仁◎譯

高寶書版集團

勵志書架010

The Key——啟動正向吸引力的鑰匙

作　　者：喬·維托（Joe Vitale）
譯　　者：藍毓仁
總 編 輯：林秀禎
編　　輯：黃威仁
出 版 者：英屬維京群島商高寶國際有限公司台灣分公司
　　　　　Global Group Holdings, Ltd.
地　　址：台北市內湖區洲子街88號3樓
網　　址：gobooks.com.tw
電　　話：(02) 27992788
E-mail：readers@gobooks.com.tw（讀者服務部）
　　　　　pr@gobooks.com.tw（公關諮詢部）
電　　傳：出版部（02）27990909　　行銷部（02）27993088
郵政劃撥：19394552
戶　　名：英屬維京群島商高寶國際有限公司台灣分公司
發　　行：希代多媒體書版股份有限公司/Printed in Taiwan
初版日期：2008 年 12 月

The Key: The Missing Secret for Attracting Anything You Want
by Joe Vitale
Copyright © 2008 by Hypnotic Marketing, Inc.
Published by John Wiley & Sons, Inc., Hoboken, New Jersey.
Published simultaneously in Canada.
Complex Chinese translation copyright © 2008 by Global Group Holdings, Ltd.
All rights reserved.

國家圖書館出版品預行編目資料

```
The Key：啟動正向吸引力的鑰匙 / 喬·維托（Joe
   Vitale）著. -- 初版. -- 臺北市 : 高寶國際出
   版 : 希代多媒體發行, 2008.12
      面 ;    公分. --（勵志書架 ; EB010）

   ISBN 978-986-185-233-1(平裝)

1. 成功法　2. 思考　3. 生活指導

177. 2                                97018849
```

你是自己生命的傑作

你是自己生命的米開朗基羅

你雕刻的那座大衛正是你

──喬‧維托，出自影片《祕密》

目　錄 · Contents

第3課　奇蹟

第 1 課　鑰匙

任何認真研究科學的人都知道，科學殿堂的大門上寫著：
閣下一定要有信心。

——麥克斯・普朗克（Max Planck），

1918年諾貝爾物理學獎得主

⌘ 不見的祕密 ⌘

你的信念決定你的經驗，與外在因素無關。

——大衛·霍金斯（David Hawkins）

　　承認吧，你這一生當中一定有想要完成或解決的事情，但你就是還沒做到。

　　並不是你的努力不夠。我想你已經參加過心靈成長座談會，也看了勵志書籍或影片，例如《祕密》。但說到那個（或那些）令你求之不得的事物，總是讓你很想撞牆。

　　究竟是怎麼一回事？為什麼有些東西你可以輕鬆到手，但那個事物所在卻永遠是個禁區？所謂「吸引力法則」真的行得通嗎？真的有什麼定律行得通嗎？

　　在「想要什麼有什麼」的背後，有什麼祕密不見了？

　　你生命中的一切都是你吸引過來的，包括不好的人事

物——在你不自覺的情況下。如果你對經驗背後的那套心智運作模式有意識，你就可以改變它，然後開始吸引你真正想要的東西。

　　當你「清除」（我稍後會定義）了那些「使你無法吸引到你想要的東西」的潛在信念時，你就會看到眾人口中的奇蹟出現。例如：

- 當我弄清楚自己體重過重的問題時，我減了三十幾公斤，並且參加了六場健身比賽，改造我的身體，也改造我的生活。
- 當我弄清楚自己心底深處對於買新車藏有何種信念之後，我吸引到十二輛新車，包括兩輛BMW，與一輛手工組裝的豪華跑車Panoz Esperante GTLM，我叫它Francine。
- 當我弄清楚為什麼我的肺臟之間長了可能致命的淋巴結時，我的淋巴結就變成無害的了。
- 當我弄清楚為什麼自己無家可歸、成為貧困潦倒的作家時，我進而變成網路名人，出版三十幾本的暢銷書，也參與影片《祕密》的拍攝。

顯然，弄清楚你自己內心的障礙，就是那個不見的祕密；就是這些障礙害你無法吸引到你想要的東西。你怎麼知道自己現在需不需要弄清楚什麼呢？如果你還在問這個問題，那就表示你大概還沒弄清楚。不過我在這裡提供一個快速的辦法，你只要誠實回答以下問題就行了：

・你的生活裡有沒有一再發生的問題？
・你是不是曾經許過新年新願望，卻從來沒有實現？
・你是不是因為用了一堆勵志方法卻失敗，感到很挫折？
・你是不是都沒有拿出行動去爭取你想要的東西？
・你是不是覺得好像有什麼在搞破壞，害你無法成功？
・你是不是已經看過影片《祕密》，卻仍然無法吸引到你想要的東西？

如果你徹底誠實面對自己，你會發現你的人生裡至少有一個難纏的問題。

它可能是體重問題。你控制飲食、固定運動，但就是瘦不下來，或者才瘦下來沒多久又胖回去。你覺得自己被

詛咒了。

　　也有可能是感情問題。你嘗試線上交友、約會，有了固定交往的對象，甚至已經步入禮堂，但這樣的關係無法持久。你的愛情故事最後總是沒有美好的結局。

　　還有經濟問題。你換過幾個工作，但你總覺得若有所失。無論你試過多少就業服務顧問、寫過多少履歷表，你就是不知道從事哪一行才對。你覺得整個世界都在跟你的夢想唱反調。你老是口袋空空，積欠一堆帳單。

　　還有健康問題。你可能有背痛的老毛病，或者更嚴重的問題，例如癌症或肌肉方面的疾病，也可能過敏、久咳、氣喘。無論你遭受到哪種病痛的折磨，你總覺得自己沒救了，這輩子注定病魔纏身。

　　這些揮之不去的問題令你覺得自己是受害者。你覺得問題發生在你身上，但不是你自己惹出來的。你覺得罪魁禍首是你的老闆、你的鄰居、政府、執政者、恐怖份子、污染、全球暖化、你的DNA、國稅局甚至上帝。

　　怎麼辦呢？

　　萬能鑰匙在哪裡？

我自己也有過這種受困的感覺，曾經沒東西吃、沒地方住。我覺得整個世界都要我完蛋。我看誰都有氣，我氣我的父母，我氣體制，我甚至氣上帝。我覺得我被虧待。我總是想盡辦法才能餬口，忙著找棲身之處和一輛可代步的車，這當中我所承受的痛苦與挫折難以形容。當然不是我的錯，我是好人，我命不該如此。

我在減肥時也有同樣受困的感覺。我從小胖到大，我痛恨自己的身材。我怪我的爸媽以前沒有注意我的飲食。我也怪學校的體育老師讓我有受辱的感覺。我覺得命中注定要胖下去，而我一點也不喜歡這樣。

問題始終揮之不去，我覺得都不是我自己造成的。我怪罪外界。人在碰壁、無路可去時，大概都會有這樣的想法。我們會認為不是自己的問題，是牆壁的問題。我們可能在人生其他領域一帆風順，但就是有個頑劣的疙瘩無法根除。當局者迷，我們看不到出路在哪裡。

本書的重點就是：我們都有出路。

我把它叫做「萬能鑰匙」。

　　萬能鑰匙就是那個不見的祕密，可以幫你吸引到任何你想要的東西。這是我的肺腑之言，是實話，是真相，是你通往自由的門票。

　　當我無家可歸時，我審視了自己的信念，明白了那些不快樂都是因為自找的。我發現自己跟有自殺傾向的作家愈來愈像。因為我想成為像他們那樣的作家，所以覺得應該要跟他們一樣陰鬱。一旦我改變了自己的信念，我就開始引來新的人生。我找到工作，賺到錢，開始感到快樂。如今我已經成為作家，創作了數十本書，並且出現在影片《祕密》及《The Opus》裡。

　　那個我怪罪於別人的難纏問題呢？

　　我曾經太胖，但現在我就算稱不上身材好，至少也屬於中等。我參加過六次健身比賽。我打造自己的健身房。我接受多位知名健身教練的魔鬼訓練，包括法蘭克‧茲恩（Frank Zane）。

　　那個我怪罪於DNA的人生難題呢？

　　我用萬能鑰匙找到出路，獲得自由。

　　這就是本書要談的事。把它當成指導手冊，用來吸引你最瘋狂、最不可思議的夢想——無論那些夢想是什麼。

　　萬能鑰匙是你唯一需要的。

❦ 萬能鑰匙 ❦

你在無意識之間強求你所有的經驗；你傳達別人在
潛意識之下要求的經驗。
——蘇珊・莎姆斯基（Susan Shumsky），《神奇
禱告》（Miracle Prayer）

在二十世紀早期，《失落的致富經典》的作者華勒思・華特斯（Wallace D. Wattles）在他一篇較不為人知的出色散文《如何得到你要的》裡面寫道：

人們失敗，因為他們客觀上認為他們有做事能力，但潛意識上卻不這麼認為。甚至現在你的潛意識恐怕還是不相信你有能力成功。你必須消除這些疑慮，否則你的能力會在你最需要它的時候棄你而去。

華特斯所指的正是萬能鑰匙。若你的意識認為你有所求，但你的潛意識認為你不夠格（或有各種其他的限制）

時，你就得不到你想要的東西。相反的，你會吸引到你認為自己不想要的東西。事實上，你會吸引到你的潛意識覺得對你「正確」的東西。所以為了吸引到你真正想要的東西，你的意識和潛意識必須達成共識。

蘇珊・莎姆斯基在《神奇禱告》書裡寫道：「你的意識所相信的，是你認為你相信的。你的潛意識所相信的，是你最深層的信念，是你真正相信的。」

你現在所擁有的人生是你想要的，以無意識來看是如此。

萬能鑰匙幫你清除障礙，讓你的意識和潛意識大和解。我在前作《相信就可以做到》（The Attractor Factor）一書中提到，清除障礙是創造奇蹟的第三個步驟。而全部五個步驟是：

1.知道你不想要什麼。

2.選擇你真正想要的。

3.清除障礙。

4.感覺已經心想事成。

5.在積極行動時釋放。

有了這五個步驟，再遠大的目標和夢想都能夠實現。但如果你在進行這些步驟時感到受困或挫敗，無論如何就是無法實現目標，那有可能是因為你還沒完全清除障礙。你可能還在天人交戰：有個聲音說想要，也有一個聲音說不想要。無意識欲望在否決有意識欲望。

就算是看過《祕密》幾十遍甚至上百遍的人，也會常常覺得自己擱淺在某處。這是因為他們明言的欲望受到內在信念的對抗。只要打破自我設限，就能立即開花結果。

「清除障礙」是指不讓任何因素澆熄你的渴望。我把這些障礙叫做「反意圖」。回想一下你上次過新年的情景，你就會了解我的意思。

我想你當時應該有許下新年新願望，可能像「我要開始隔一天運動一次」、「我要戒菸」、「我要多賣幾幅畫、多賺一點錢」等等。

你是真心許下這些願望的，百分之百期待能夠達成。

但後來呢？

可能第二天你就忘了健身房在哪裡，或者又開始大吃大喝，完全忘記自己說過要控制飲食。

結果你讓敵人占了上風，毀掉你想達到的目標。

清除障礙就是擊退這些敵人。一旦成功，你就無所不

能，要什麼有什麼，徹徹底底實現自我。

不論你做什麼計畫，清除障礙都是關鍵。

它是讓你心想事成的那把鑰匙。

❧ 天地如何運行 ❧

如果你今天早上醒來，健康多過疾病，

你就比那一百萬活不過這星期的人幸運。

如果你的冰箱裡有吃的，身上有穿的，頭上有屋頂

讓你遮風避雨睡覺，你就比世界上百分之七十五的

人富有。

如果你的銀行帳戶或皮夾裡有錢，

你就是全球排名前百分之八的富豪。

如果你抬頭挺胸面帶微笑，真心感恩，那麼你是幸

運的，因為大多數人都做得到，但他們卻不這麼

做。

——無名氏

　　你是不是曾經有一個新產品或服務的點子，卻沒有付

諸實現？也許是新的兒童玩具、新的洗髮精，或者能幫助

人的新玩意，但最後你都沒有去做？為什麼呢？

　　換個角度問。你是不是曾經有「叫天天不應、叫地地

不靈」的挫敗感？心裡面想要的就是無法實現？為什麼會
這樣呢？

　　為了了解萬能鑰匙，我來說明一下你與宇宙之間的關
係。

1. 天地——或是宇宙、上帝、神、天神、老天爺、萬
　物、零、道、佛陀，名稱隨你定——無時無刻都在
　收發訊息。它發出啟示給你，接收你的請求。
2. 這樣的來往對話會被你的信念系統過濾，然後才影
　響你是否拿出行動。
3. 經過以上兩個步驟，便產生結果。你如何解讀這些
　結果，也一樣是基於你的信念系統。

　　圖一是蘇珊娜・伯恩斯（Suzanne Burns）所創的，它
指出，天地（或者任何你用來稱呼這股無名力量的名稱）
已經準備好接收你的請求，它也試著要發出啟示給你。這
樣的溝通由你的信念系統過濾。最後的結果就是你所認定
的事實。但如果你改變你的信念，你就會看到不同的事
實。

圖一

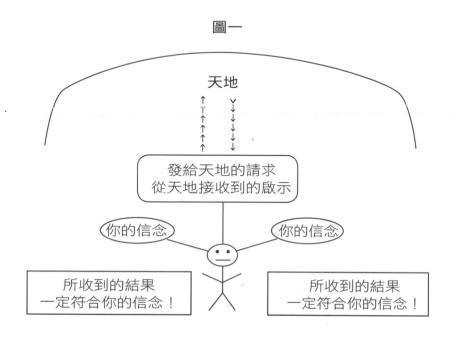

　　例如，你接收到一個開創新產品的想法，那是天地給你的禮物。但你經過思考之後，對這個想法有了判斷。你可能會說：「可是我不知道要怎麼辦到」或者「可是我要從哪裡弄到資金」或者「一定早就有人想到了」。

　　這些判斷和懷疑都是你的信念，而且成了你的絆腳石，害你裹足不前。結果呢？你沒有開創出那項新產品。

　　事實上，你可能後來發現別人做到了。這正是為什麼我喜歡說：「宇宙喜歡速度。」宇宙將新產品或服務的點

子同時給好幾個人，因為它知道大多數人會畫地自限。而成功只屬於那些真正採取行動的人。

　　然而，當你向天地求助時，發生什麼事呢？天地永遠在那裡，隨時準備聆聽你的請求、完成你的願望；但當它要助你一臂之力時，你自己的信念卻常常作梗。例如，你可能發願想遇到理想的另一半，天地聽到了，也輕輕推你一把，幫你加入適當的團體，但你自己卻一再擋掉，藉口一堆：「可是我以前就加入過那個團體」或者「沒有人會對我有興趣的，因為我太＿＿＿＿＿了」。

　　你必須明白一點，在你自己世界裡運作的信念很可能都不是有意識的。你的信念分成有意識與無意識（或潛意識）兩種。來自愈深層的信念，影響力愈強大。深層的信念就是你人生的作業系統。因此為了排除障礙，你必須先整頓好深層的信念。你要記住，天地的運作看起來比較像圖二。

　　簡言之，你活在由信念構築的宇宙中。要改變結果，你必須改變你無意識的信念；那就是你必須清理的地方。是的，要吸引到任何你想要的東西，你必須掌握那不見的祕密：清除障礙。

　　那就是萬能鑰匙。

圖二

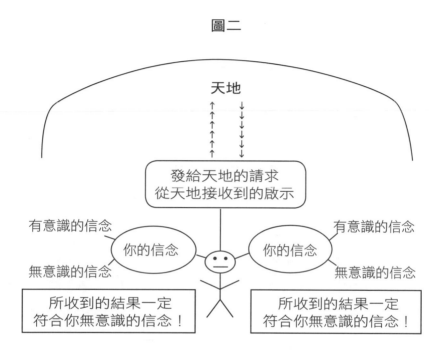

❧ 吸引力法則 ❧

沒有什麼能阻止心態正確的人達成目標；沒有什麼
能幫助心態錯誤的人。

——湯瑪斯・傑弗森（Thomas Jefferson）

在你了解萬能鑰匙之前，你需要先了解一個較不為人
知的宇宙定律。當你清除掉內心所有畫地自限的信念時，
你就是有意識地啟動「吸引力法則」。此時，你藉由這項
法則替你的人生吸引一切，只是你沒有意識到。

這項法則於1906年正式被介紹到世人面前。威廉
・艾金森（William Walker Atkinson）在《思想感應》
（Thought Vibration，又名《念力世界中的吸引力定
律》）書裡如此描述：

我們對萬有引力定律侃侃而談，卻忽略了一股同等神
奇的力量：念力世界中的吸引力定律。我們很熟悉那股吸
引並凝聚物質最小單位——原子——的神奇力量；我們認

識地心引力，它能維持宇宙星體運轉。但我們對另一股同樣神奇的力量視而不見：它將我們想要或害怕的東西吸引過來，可能成就、也可能破壞我們的人生。

　　一旦我們明白念力這股能量是具有吸引力的磁力，我們便會豁然開朗，搞懂了之前不清楚的因果關係。我們要投入時間努力研習念力的世界，了解當中的吸引力定律如何運作，沒有任何學問能比這門學問帶給我們更大的收穫。

　　今日有許多人都在談論吸引力定律，例如影片《祕密》，以及我自己寫的書《相信就可以做到》。我的好朋友傑瑞·希克斯（Jerry Hicks）和愛絲特·希克斯（Ester Hicks）也在《吸引力定律》（The Law of Attraction）等書籍裡提出諄諄教誨。這是心理學的基本定律，你注重什麼，就會得到什麼。但大多數人都把重心放在他們不想要的東西上，結果，他們就得到不想要的東西。

　　這項定律沒有例外。我知道你希望會有例外，但真的沒有。你生活中的一切事物都因為吸引力定律而來。這是再真實也不過的定律，毫無例外可言。完全沒有。

　　我用我自己的一個小故事來解釋。

2007年1月底,我感到腹部疼痛,後來被送進急診室,動了盲腸手術。我很快就康復了,但有一名讀者寄了一封電子郵件給我:

我很難過聽到你生病住院,可是我真的覺得很不解,能夠寫出《相信就可以做到》這種書的天才,怎麼會有如此悲慘的經驗上身呢???根據你的講法,那一定是你自己把它吸引過來的,可是為什麼呢??我猜想你一定是哪裡不小心出了差錯……我希望等你弄清楚錯誤時,可以解釋給我們大家聽,好讓我們能夠避開這種後果。

她問得很認真,因此我決定回信。我在信裡是這麼說的:

我的看法是這樣:
對,是我把它吸引過來的。
人的一生當中什麼都會吸引到。
沒有例外。

問題是，我們並沒有意識到。

我們不知道自己透過意識在做什麼，一不小心就渾渾噩噩過一生。

包括我自己在內。

我在為我的下本書《零限制》（Zero Limits）進行研究時發現，在任何片刻中，我們有意識的心智頂多處理到十五個訊息，但無意識的心智卻處理到上億個。顯然，我們那個比較龐大的心智運作系統是無意識的。

人生的重點在於覺醒，要做到百分之百有意識。我們要消除「無意識」所造成的限制或負面能量，讓自己有如神助，創造奇蹟。

但你要怎麼做呢？

一月中，我參與合辦一場名為「零限制」的週末研習營，以新書《零限制》做為研習基礎。連恩博士（Dr. Iha-leakala Hew Len）主講，帶領大家探索心靈。重點只有一個，那就是徹底清除我們與目標之間的障礙。

我發現大家都有難以想像的巨大障礙需要清除，包括我自己在內。

於是我展開清除的工作，目前仍然在進行中。

在那個深具意義的週末之後，我的桌上電腦當機。

手提電腦也壞掉。

我所有以www.mrfire.com為基礎建立的網站全部中斷。

那個週末，我完全斷線了，沒有任何東西可用。

我開始感到腹痛。

到了上週一晚上，我進了急診室，割除劇痛的盲腸。

發生了什麼事？

我認為，我的身體和人生都在徹底清除虛弱的或沒作用的東西。

我會說這是強迫度假。

我彷彿在扭曲變形的時空裡猛衝，一堆事情要忙，連停下來喘口氣的機會都沒有。

而我的無意識決定拉住我，先讓我的電腦停擺，再讓我停下腳步，強迫我度假。

但這還不是我故事的重點。

現在請注意：

我沒有把這次的入院看成是負面的事情。

我既不生氣，也不害怕，完全沒有任何負面的情緒。

頂多只是感到好奇。

我看事情的進展，好像在看電影，而主角是我。

相信我，我不希望看到任何人需要緊急割除盲腸，但它也不是你所想像的悲慘經驗。

整個過程當中，我不斷說「我愛你」及其他排除雜念的話語（請參閱清除法則 5）。

我只是繼續清除障礙。

後來就化險為夷了。

我必須坦承一件事。我記得幾星期之前我還在想，我已經五十三歲了，沒住過院，也沒開過刀，挺怪的。

我還有在部落格貼文，標題是「我不再存在」。（後來我才改成「我活得很好」。）

所以，我的無意識決定傳遞這樣的經驗給我。

我的焦點放在那裡，結果就開始吸引到它。基本上是我自己要來的。

那麼你說，緊急手術是我吸引來的嗎？

一如洛基會說的：「絕對是。」

最後的重點：你需要隨時警惕自己的心。但既然你還無法得知那套比較龐大的心智系統如何運作，你必須繼續清除障礙。

但要怎麼做呢？

❧ 萬無一失 ❧

批評準沒好事，絕對不是出於好意。批評旨在搞破
壞，害對方加深疑慮、失去安全感。

——凱倫・凱西（Karen Casey）

　　我有時會看美國廣播公司的影集《波士頓法網》
（Boston Legal）。2007年有一集，威廉・沙特納飾演的
自大狂律師丹尼・克里恩坐在椅子上，眼睛閉著，想要吸
引到女星拉寇兒・薇芝。他說他本來想吸引到世界和平，
但後來覺得「小一點的東西」，例如吸引到知名女星，會
比較容易。

　　像美國廣播公司這樣一家全國性的電視臺拿影片《祕
密》和「吸引力法則」開玩笑，我覺得很有意思。

　　但也僅止於此：開玩笑。

　　後來丹尼吸引到一位成功的喜劇女星：菲莉絲・迪
勒。

　　他失望極了。

他覺得「吸引力法則」沒有用。

他喃喃自語：「我要告那些傢伙。」

這位律師犯了什麼錯？

為什麼沒辦法吸引到他想要的東西？

我的解讀如下：

首先，丹尼坐在那裡，全神貫注，但他的樣子看起來像頭痛發作，臉上毫無喜樂可言。吸引力法則是要你去**感覺**最後你想得到的結果，不是只有想而已。所以丹尼還差得遠呢！

第二，丹尼根本沒有拿出行動。在劇中的情境，他大可打電話問人，想必他的社交圈裡有人可以引見拉寇兒·薇芝。以我自己而言，如果我真的想要認識她，我一定可以認識她。

第三，丹尼吸引到他自以為不想要的：菲莉絲·迪勒。這點非常非常重要。你吸引到的一定是你**潛意識**認為適合的。在戲裡面，菲莉絲其實是舊情人，對他具有性吸引力，至少曾經是如此。這不是什麼佛洛伊德的心理分析。為了得到你想要的東西，你必須先清除舊的模式。如果你不這麼做，就不會實現你嘴巴上說的願望，而會得到你**潛意識**想要的東西。

　　最後一點，丹尼在劇終時喃喃自語說要提告，這也很有意義，顯示他仍然是受害者，他對這個世界感到無力，只能訴諸他能操控的東西：司法。

　　請容我再說一次：我很喜歡這集《波士頓法網》。

　　只是要請你記住：它只是開玩笑。

　　吸引力法則是沒有例外的，明星、名人都一樣。

　　現在我們來進一步深思……

　　賴瑞金在2006年11月及2007年3月訪問過我，而且現在每天都還有不同的媒體訪問我，包括《時代雜誌》、《個人關鍵》（Bottomline Personal）及《新聞週刊》。他們都想知道吸引力定律究竟是不是定律。他們都同意萬有引力是定律，但不確定吸引力是不是。

　　那些說吸引力不是定律的人會引述：「我知道萬有引力，從摩天大樓把書往下丟，書最後一定掉到地上，這證明了萬有引力定律。」

　　我同意。

　　然後他們繼續說：「當我努力想要吸引到某個東西

時，有時成功，有時不成功，所以它不是定律。」

我不同意。

我告訴你為什麼。

你說你努力想要吸引到某個東西，卻失敗了，這就好比你從摩天大樓把書往下丟，但書卻沒有掉到你想要的那個落點，於是你就說萬有引力不存在。

萬有引力顯然是存在的，你只是不知道如何靠它得到你想要的東西。

吸引力定律也一樣。

當你專心想要吸引到汽車、卻吸引到摩托車時，並不是因為定律無效，而是因為你就是會吸引到你所相信的東西。事實上，你可能根本不期望有新的汽車，或許你覺得不值得，或許你覺得自己負擔不起，無論如何，你的感覺就是啟動了吸引力定律。

吸引力定律是沒有例外的。如果有人反對，不妨參考威廉‧艾金森在《思想感應》裡寫下的箴言：

前一陣子我跟一個人在談念力，他說他不相信念力可以幫他吸引到任何東西，一切都只是靠運氣而已。他還說他發現霉運如影隨形，被他碰過的東西都遭殃，從以前到

現在都是這樣，他已經有心理準備了。在他嘗試新事物之前，他自己就先覺得不可能會成功。不！他看不出吸引力理論有何價值，他認為那只是運氣！

這個人不明白其實他自己的說法已經大大證實了吸引力定律的存在。他總是預料事情會出錯，結果事情也真的出錯了。他替吸引力定律做了最佳的示範，但他並不知道，而且沒有人能夠讓他想通。他鐵齒認為自己會走霉運，然後事實一再證明他是對的。如果這不是念力，那是什麼？

簡而言之，你擁有的一切都是你吸引到的。這條定律沒有漏洞可鑽，沒有地方可脫逃。你得到什麼，要看你吸引什麼。

你只是無意識地做到而已。

沒什麼大不了。

不必自責或自我毀滅。

重點是承擔責任，不是推卸責任。

現在你必須覺醒。

如何做到呢？

用萬能鑰匙。

❧ 一定要有行動嗎？ ❧

成功來自日積月累的小努力

──羅伯特‧柯利爾（Robert Collier）

在應用我的書《相信就可以做到》或影片《祕密》裡的概念時，你不見得一定要有所行動。有時候，你想要的東西自然會水到渠成，幾乎不需要你動手。不過，更常見的情況是，你必須做些什麼。

某個星期三晚上，賴瑞金的辦公室打電話給我，邀請我隔天再度上節目，意思是我必須趕去德州奧斯汀機場，搭飛機去洛杉磯的CNN現場，一路在衝刺。這就是行動。但我採取的行動很簡單，因為要吸引到另外一個奇蹟的過程中，很自然就包括了它。

關於行動，我的看法跟大多數人不一樣。我在《相信就可以做到》一書裡，將你需要做的事情稱為「靈機一動」。如果你的內心有一個聲音催促你打電話、買一本書、參加一個活動或者應徵一份工作，那麼你就要聽從，

放手去做。

這個聲音能夠幫助你看清楚前景，引導你完成目標。它給了你啟示，而你必須拿出行動。

關於行動，我還有一個重點要提。當你很清楚知道自己想要什麼，也願意放手一搏時，你所採取的行動就會不費吹灰之力。

我發表過相關的文章，寫過許多書。對許多人而言，這是勞動。對我而言，這是不費吹灰之力。我當然是在勞動，但我的心態是，這就跟呼吸一樣自然。

有人說《祕密》讓許多人相信行動不是必備的。事實上，我在這部影片裡說道：「宇宙喜歡速度，不要再拖了，不要再瞎猜了，不要再存疑了。當機會來敲門，當衝動湧上心頭，當直覺對你發聲，你就行動吧。這是你的份內事，你唯一必須做的事。」

需不需要行動，取決於你的處境，在於你，看你想要什麼。你通常是需要有所行動的。萬能鑰匙要給你的訊息之一是：留意徵兆，當你靈機一動時，就是拿出行動的時候。

接著就是奇蹟發生。

我舉一個例子：

當年我被診斷出胸腔有淋巴結腫脹，可能致命。於是我敲定目標。我用我不想要的——那些腫脹的淋巴結——表明我真正想要的：不要再有任何健康問題。我明白指出：「我打算消除腫脹的淋巴結，讓自己完全恢復健康。」

大多數人到此就結束，沒有下一步。有時你可以這樣告一段落；有時你的目標會啟動一個開關，要你進一步解決問題。但你通常必須做些什麼。

行動可大可小，但通常你是需要拿出行動的，才能吸引到你想要的結果。

以我的情況來說，我內心有一個聲音催促我動手寫信給幾個可能幫我的朋友。記住，我寫那些信是沒什麼道理的。當時我可能有把它合理化，覺得自己需要他們精神上的支持，但其實我只是靈機一動，然後就開始行動了。

其中有個朋友是喬瑟夫‧舒格曼（Joseph Sugarman），他是BluBlocker 公司的董事長，也是多本書的作者。出乎我意料之外，喬瑟夫說他一直在跟海外的一

群科學家合作研發健康食品，可以有效治療癌症及腫瘤。雖然還沒上市，但如果我有興趣，他會提供給我。你可以想見我知道之後有多麼開心，我當然有興趣。我立刻回覆說我想知道更多，於是喬瑟夫寄給我一份報告。

產品還沒上市，也沒有別的地方弄得到，所以我看完報告後，立刻請喬瑟夫寄給我。他也很快介紹我認識那群成功研發的科學家，然後沒幾天我就收到藥了。

如果我當時沒有採取行動，今日將會全然改觀。

但我做的還不只如此。

我還去找認識或聽過的治療師求助。這也一樣是靈機一動。有一位治療師叫霍華・威爾斯（Howard Wills），透過電話為我進行幾次的能量治療。還有安・泰勒（Ann Taylor），她也跟我進行了一小時的電話諮詢。約翰・路波（John Roper）幫我祈禱。凱西・伯登（Kathy Bolden）藉由長途電話幫我做過幾次的治療。我還有去找聖地牙哥查立治療中心的魯帕・查立（Roopa Chari）和迪帕・查立（Deepak Chari）。除此之外，我也聯絡醫師，例如馬克・吉特爾（Marc Gitterle），以及保健兼整脊專家瑞克・巴瑞特（Dr. Rick Barrett）。

我採取了許多行動。我承認當中有一些行動是出自恐

懼。換句話說，如果我當時對念力更有信心，我可能就不
會做這麼多。但我還是會做些什麼；而無論那是什麼，都
出自靈機一動。沒錯，我相信，因為我採取那些步驟，所
以原本惡性的淋巴結不再威脅我。

你要隨時留意自己有沒有靈機一動，盡可能明辨它是
出自恐懼或者愛。如果你想抗拒那個行動，那大概表示你
其實應該去做。當你利用本書的步驟清除障礙時，你應該
採取必要的行動，如此才能吸引到你想要的結果。一切自
然會水到渠成。

最後，請你注意一點：有時你是不需要什麼都做的，
然而，你必須有意願採取任何召喚你的行動。若你願意採
取行動，就表示你成功清除障礙了。而當你成功清除障礙
時，你就得到你想要的結果（甚至更好的結果）。

這就是萬能鑰匙給你的擔保。

⁓ 如何吸引到一百萬元 ⁓

「我一無所缺，我只是想要更多！」

——布麗塔‧愛麗珊卓（Britta Alexandra）

　　我之前提過，天地（或宇宙、神、上帝、老天爺等任何你認為適用的名稱）會同時傳送一個訊息給好幾個人。神知道不是所有人都會拿出行動。所以，這就好像是賭賭看。

　　但最快拿出行動的人便能最先上市，而且通常獲利最多。先搶先贏，得到的報酬也最大。其他人還是可以完成那個點子，還是可以做得不錯，但先付諸行動的人總是先賺到大錢。

　　讓我舉例說明。

　　有一天我在忙，一個朋友來電。他留言說，他想出一個百萬產品的點子，並且簡短做了介紹。

　　這件事的重點如下：

　　當他在「留言」時，我已經在忙著「創造」那個點

子。

　　換句話說，宇宙將同一個訊息給他、我，很可能還有其他人。但它一進到我的世界，我就開始行動，而且我的動作很快。當別人，包括我的朋友在內，都還在東想西想時，我已經在進行落實的動作了。

　　我之前已經說過，但我必須再說一遍：金錢喜歡速度，宇宙喜歡速度。所以你應該一有想法就去做。

　　你之所以不馬上行動，唯一的原因是猶豫。這樣的猶豫正是你需要排除的障礙。這就是你需要萬能鑰匙做的。等你清除障礙，你就會知道要做什麼，然後你就會放手去做。

　　請你注意一點：我的朋友完全沒有因為得知我已經在行動而感到沮喪，他知道他還是可以製造他的產品。他也知道世界之大，可以同時容得下我們。我們彼此加油打氣。

　　當你運用萬能鑰匙時，一定就會體驗到這樣的雙贏局面。

　　我再舉一個例子。

　　上週，我去看我的整脊醫師，www.healedbymorning.com的瑞克‧巴瑞特醫師，他看到我拿的包包，軟革製的，很有型，他說也想要一個。問題是我已經買了一年多，當初的售價是一百五十元，我覺得應該買不到一樣的了。賣包包給我的老闆其實是專營皮帶，包包就賣那麼一次。儘管如此，我仍然暗自決定要盡力幫瑞克‧巴瑞特醫師吸引到。

　　我要自己每天都想到包包，至少要想一兩次。我告訴自己我要找到那個老闆，問他關於包包的事情。不過後來我沒做到，一直都被別的事情耽擱。

　　但昨天我突如其來收到一封電子郵件，正是那個老闆發的，因為他有寄贈皮帶給我，所以想問問看我收到沒、覺得怎麼樣。我好驚訝，因為我們已經半年沒聯絡了。我抓住機會回信，當然還有問包包的事情。

　　他很快就寫信給我，說他已經不賣包包了，但他去倉庫找了一下，有翻出兩個不同尺寸的。他說那兩個都免費寄給我。

　　他表示：「你這個人真是有『吸引力』，我忍不住想送你。」

我真是太驚訝了。

但同時我也知道，如果你清除內心障礙，吸引力法則就會像這樣順利運作：你說出你想要什麼，但沒有得失心，等宇宙把機會送上門時，你就採取行動。就這樣。

請特別注意到這三贏的局面：

瑞克‧巴瑞特醫師有兩個不同尺寸的包包可以選；我可以留下另外那個，多了一個包包可以用。

送我這兩個包包的老闆呢？

我要寄一份禮物給他，包括我的新書、DVD與其他的驚喜小玩意。

而且他還可以增加知名度，我在這裡公布他的姓名和網址：Rob McNaughton，www.robdiamond.net。

這就是吸引力法則的運作之道：當你清除障礙時，你就會得到你想要的東西，甚至超越你的期望。但如果你沒有清除障礙，你就會常常碰壁，而且通常是撞到同一面牆壁。

昨天晚上，電視在播布魯斯威利的知名動作片《終極警探二》，他在第一集裡有驚無險逃過恐怖份子的死亡威脅，沒想到第二集又遇上大壞蛋。布魯斯威利在電影裡說道：「我為什麼一直碰到這種事？」我對著電視機螢幕大

喊：「老兄，這就是『吸引力』啊。」

　　除非他用萬能鑰匙開啟心鎖，否則他會繼續吸引到同樣的東西，而且永遠不知道他自己就是磁鐵。

　　不清除障礙可以成就一部賣座的電影，但它會毀了一個人生。

❦ 為什麼要物質生活？ ❦

寬恕的心具有吸引良善的磁力。

——凱薩琳・龐德（Catherine Ponder）

　　有時讀者會感到納悶，看我的書或《祕密》的人為什麼都只想著吸引新車、新房子、甚至快樂等東西，有人認為這些是「自私的小東西」。

　　事實上，許多人都不快樂、不健康，或者身無分文，因此運用萬能鑰匙去得到車子、房子、工作或快樂，在那一刻就是最崇高的事情。他們沒道理不這麼做。這不是自私，這只是邁向自我實現。

　　大家有時會說，運用吸引力法則的人太注重物質生活，但他們不明白，物質與精神其實是一體兩面。我們的肉體是物質，本質是精神。你想要的一切具有象徵意義——由能量構成的具體現實。顯而易見。這股能量就是精神。物質和精神好比一個銅板的兩面。追求物質生活是你喚醒精神、你自己和一切的第一個步驟。

　　我知道有時你的眼光會很高。有了車子、更多財富或者更美滿的感情生活之後，你會開始渴望更多。你開始明白沒有什麼是不可能的。你開始想要助人為善，甚至拯救地球。世界上已經有好多人開始這麼做，運用吸引力法則解決癌症、愛滋病、貧窮等問題。

　　歐普拉就是一個絕佳的例子。她公開表示她有運用《祕密》裡的法則，而她目前積極在第三世界從事公益活動。賴瑞金也是一個很好的例子，他成立了專門研究心臟的基金會。重量級冠軍拳手喬治‧福曼也設置青年中心做慈善。

　　《祕密》裡的許多導師也都懷有遠大的志向。

　　傑克‧康菲德（Jack Canfield）想要革新政治。麗莎‧尼克斯（Lisa Nichols）要去非洲當義工。我投入消滅貧窮的工作，幫助無家可歸的人；這兩個問題我自己都親身經歷過。我在健身教練史考特‧約克（Scott York）的幫忙之下，協助人們打造事業兼打造身體：www.yourbusinessbody.com。

　　另外還有你沒聽過的人，他們也在運用吸引力法則讓世界變得更美好。辛西亞‧曼恩（Cynthia Mann）率先發起「紅唇運動」，所募得的款項拿來請癌症婦女上美容沙

龍，藉此讓她們更有自信。喜劇演員泰咪・紐比（Tammy Nerby）募集人們錄下祝福與鼓勵話語的錄音帶，送溫情給駐紮海外的軍人。

類似的例子有更多。

至於錯綜複雜的文化議題，可能無法一夜之間解決，但儘管放心，有優秀的人才正在運用《祕密》和《相信就可以做到》努力解決。

你要知道，學習如何吸引物質就等於是向自己證明，你的想法行得通。如果你沒有工作，而你運用萬能鑰匙找到工作，那麼你就證明了這行得通。如果你沒有車子，而你運用本書的建議吸引到一輛，那麼你的新車就證明你正在學習如何做到心想事成。這項物質成為你記錄的方式，你可以觀察自己如何一步一步覺醒。

但還有更重要的：

不要去想別人都在做什麼，你只要問你自己在做什麼。

你如何幫助這個世界？

你從事或支持什麼公益活動？

地球如何因為你而變得更美好？

當你開始思考你自己想要什麼的時候，也想想看你想

要給這個世界什麼。我們大家是生命共同體。如果你懂得用心關懷，你選擇要吸引到的東西就有可能對世界有利。我鼓勵你放大格局，想想看你可以做什麼好事。你不必當享譽全球的泰瑞莎修女，但你可以當一個安靜的天使，在你自己的世界裡做好事。

誠如甘地所言：「如果你希望這個世界改變，你要當仁不讓。」

你有在做嗎？

你將會做嗎？

什麼時候？

❧ 不該是你的嗎？ ❧

千萬不要將社會當成行為的規範及準則。

——布魯斯・葛伯博士（Dr. Bruce Goldberg）

大部分的人都會抱怨沒有足夠的錢。

他們看著帳單，想著自己的需求與渴望，但是支票簿裡面的數字把他們嚇壞了。

帳單要怎麼付？

家人要怎麼養活？

他們要如何吸引到更多錢？

我相信你知道那種感覺。我們都是過來人。你可能正身陷其中。

但我真正好奇的是：

《祕密》及裡面的導師都已經證明如何吸引財富或其他的物質，顯然那是有用的方法。已經有上千人作證，說明他們如何走過銀行沒存款的窘境，一路努力到致富。

但有人抱怨《祕密》只注重金錢或物質。他們說這樣

太自我中心了，只想到自己。

你聽過了那個制式的心態嗎？

「金錢是邪惡的。」

「只顧到自己是不對的。」

「物質生活有別於精神生活。」

請注意其中的差別：你想要錢，卻又同時說注重錢是不好的、是自私的。你這麼做就是把錢往外推。

即使是《祕密》的影迷也這麼做。有些運用吸引力定律擺脫債務或取得新車的人吸引到一定的錢，然後開始覺得很自私。此時，他們會不自覺地關掉那股動力，不懂發生了什麼事。他們也開始批評《祕密》。

我覺得很奇怪。

第一，人們爭先恐後想要錢，卻又焦躁不安。

接著，他們學會如何吸引錢，也成功吸引到一些，然後他們開始抱怨錢不能滿足精神生活。

等一下，最初不就是這些人想要錢嗎？當他們沒錢時，錢是好的；等他們終於有錢了，錢卻變成不好的。為什麼？

這一切都是因為人們的信念。他們來到了價值判斷的門檻。

　　我父親喜歡玩樂透，但當彩金累積到一億元時，他反而不玩。他說一億元太多了，那麼多的錢會毀了一個人。

　　這就要看你的價值觀，看你相信什麼：什麼該是你的，什麼不該是你的。

　　有一回我參加一場活動，旁邊有個人打電話給他的妻子，請我跟她講話。他希望《祕密》裡的明星可以給她驚喜。我接過電話，說出我的名字，然後聽到她的尖叫聲。她很興奮可以跟名人講話。然後她開始問我在做什麼事情拯救世界。

　　她本來是《祕密》的影迷，用她學到的東西實現了幾件事，她感到心滿意足，別無所求，於是有了批判的心態。

　　這是怎麼回事？

　　我在www.blog.mrfire.com寫部落格，有時會寫到我的愛車Francine，它是一輛2005年出廠的Panoz Esperante GTLM豪華跑車。我愛死它了，但不是每個人都喜歡看我描述它。有一個固定到我部落格爬文的人曾經寫道：

　　我本來很不喜歡看你寫車子的事情，但現在我明白了，你只是觸動了我敏感的神經，那神經是在我的體內，

跟你或你的車子都沒有關係。我無法與財富和平相處，所以我不喜歡別人炫耀財富。現在我很喜歡聽你說關於Fran-cine的事情，謝謝你幫助我打破自我設限。

這名讀者認清楚他的門檻了。現在他知道什麼該是他的。這個新發現可以將他帶到下一個階段。

我再舉一個例子。《祕密》影片裡有許多導師創造產品及服務，幫你達成目標。當你抱持開放的態度時，你會謝謝他們的服務。當你抱持封閉的態度時，你會說他們只是在「推銷」。

那麼，他們是在推銷還是在服務？

都是，也都不是。要看你相信什麼。要看你設下怎樣的門檻。如果你認為他們是在占你的便宜，你就會把它叫做「推銷」（因為你認為推銷是不好的）。如果你認為他們是在幫助你，你就會把它叫做「服務」（因為你知道服務是好的）。

這還是牽涉到你的信念，你覺得自己值得得到什麼。你的信念會設下門檻。如果你不努力清除障礙，你跨不過那個門檻。

我想到一個治療師會問病人的問題：

「你能夠承受多大的福分？」

我們大多數人都無法承受過多的福分。

「鄰居會怎麼想？」

「我的家人會怎麼想？」

「物極必反，如果現在太好，以後當然就糟糕了。」

「我不夠資格得到太好的東西。」

「如果我感到快樂，我就不會想到拯救地球。」

這些都是自我設限的信念或想法。

你的人生可以很美好，可以很圓滿，但我們常常感到心滿意足之後就裹足不前。為什麼？因為你限制住自己，設下了門檻。

你可以欺騙自己，批判《祕密》、我、別人甚至這個世界，但最後的結果是你限制住了你的福分。

我不斷提醒大家，一旦你用萬能鑰匙清除障礙，你幾乎想要什麼有什麼。事實上，我不認為有任何限制。唯一的限制來自我們目前對現實的了解。你應該永遠把快樂當成目標，也就是我所謂的心靈覺醒。而往目標的路上只有一塊絆腳石：自我設限。

你究竟能夠承受多大的福分？

❧ 期待奇蹟 ❧

你真正相信的事情總是會發生；你對一件事的信心
會促使它發生。

——法蘭克・洛伊・萊特（Frank Lloyd Wright）

　　本書將說明十大法則，幫助你清除障礙、獲得覺醒，
有意識地運用吸引力定律。每項法則都是你可以自行完成
的，所以你不需要老師或別的書。我特地設計這本書成為
獨立的工具，希望你可以一本就搞定，完成個人的轉化。

　　你可以隨心所欲閱讀這本書，不過我建議你像看小說
那樣先從頭到尾完整看一遍，大致了解一下，然後再選取
你認為有用的章節。相信你自己。樂在其中。根據我的經
驗，跟隨樂趣準沒錯。如果你必須做的事情好像不怎麼有
趣，我建議你想辦法換個角度看，不妨請別人幫忙看（覺
得這件事情有趣的人）。自我成長這回事，你當然必須親
力親為，不過，你可以選擇當下你認為最吸引人的方法。
你是有選擇的。

在你更深入了解萬能鑰匙之前，讓我先提醒你一點。如果你在這趟冒險的旅程上需要支持，不妨參考「奇蹟訓練計畫」（www.miraclescoaching.com）。這本書就夠你用的了，但你邊讀會邊發現，旁人的支持有時可以加速你改變的過程。

在你開始實行本書的法則之前，寫下幾樣你想要的東西、想做的事情。這很重要。當你說出目標時，你就會調整你的想法，使它符合目標。這便是運用吸引力定律。

神奇的事情會發生。你向宇宙下訂單，然後它開始把你想要的東西給你，幫你創造環境，讓你吸引到你想要的東西。在這項過程中，它也會製造障礙，所以你也要想辦法排除。

這並不是魔法，雖然常常感覺上很像。這是你在運用宇宙萬物運行的自然法則來做自我調整，以符合你想要吸引到的經驗。

記住，你必須放大格局。我在前作《我夢想，因為我不絕望》（Life's Missing Instruction Manual）裡面有寫到，我最喜愛的座右銘是一句拉丁文：Aude aliquid dignum，意思是「大膽去做值得的事」。

好了，你要大膽做什麼事？

　　當你在動腦時，不妨想想看：從上帝的角度思考。意思是什麼呢？如果你無所不知、無所不能、無所不在，你會做什麼？記住，上帝是沒有限制的。如果你從上帝的角度思考，你會擔心什麼嗎？你會擔心藉口嗎？我的想法是，當你在思考要吸引到什麼時，假裝你是上帝。

　　以這些想法為前提，你想要什麼？

　　請提筆寫下來：

_____

_____

_____

_____

_____

我們選擇看世界的方式創造出我們看到的世界。

——貝瑞・考夫曼（Barry Neil Kaufman）

❦ 放大格局！ ❦

> 如果你不知道你不能，那你就是能。如果你不知道
> 你能，那你就是不能。
>
> ——金恩・蘭德姆（Gene Landrum）

　　現在讓我推你一把。拿出你所列的目標，問你自己
誠不誠實。換句話說，有沒有你真正想要的東西是沒有列
出來的，因為或許你覺得不可能，或者你不知道要如何達
成？

　　你一定要放大格局來思考。而且，也要想到其他人。
涉及助人的目標通常有比較強大的力量。換句話說：想賺
更多錢給自己是好的；想賺更多錢給自己和家人，更好。

　　彼得・雷斯勒（Peter Ressler）和夢妮卡・雷斯勒
（Monika Mitchell Ressler）在他們合著的《心靈資本主
義》（Spiritual Capitalism）書裡提到愛因斯坦的一句話：
「一個人所體驗的自己、自己的想法和感覺，是隔離於
其他事物的，是他的一種意識幻覺。這幻覺將我們囚禁

起來，使我們受限於個人的渴望，只關心身邊幾個少數的人。我們必須把自己放出來，擴大情感的圈子，擁抱自然萬物。」

期望世界和平、關懷弱勢、人飢己飢，這些崇高的理想都很好，但乍看之下好像不可能做到。不過我相信奇蹟的存在。我相信沒有什麼是不可能的——沒有例外。你可能不知道要如何完成某個目標，可能之前從來都沒有人做過，但那不表示不可能做到。你可能就是那個解決的人。

請誠實、堅定地將你的目標寫在下面。同樣的，不要去煩惱你將如何達成。一旦你說出目標，你就會開始想各種吸引它的可能性。在你做完本書所有清除障礙的練習之後，你就能準備好上路，去吸引你的奇蹟了。

寫下你最遠大的目標：

_____

_____

_____

_____

_____

祝你閱讀愉快，期待奇蹟出現吧！

第二課　法則

宇宙是一個完全由意念構成的世界，這個概念讓我們在面對現代物理領域的許多情況時，有了新的啟發。

——詹姆士・晉斯爵士（Sir James Jeans），
物理學家、數學家、天文學家

清除法則 *1*
❧ **你在這裡** ❧

快樂取決於內在性格而非外在環境。

——班傑明・富蘭克林（Benjamin Franklin）

　　我有一天開車去德州奧斯汀市，跟管理我的「奇蹟訓練」計畫及「經理顧問」計畫的工作人員會面。我有令人興奮的消息想與他們分享，而當我抵達時，也得知了一些驚人的消息。

　　那天早上NBC電視臺的《今日秀》節目打電話來，詢問我即將出版的新書《零限制》。這是天大的消息，不過還沒有後來發生的那條消息大。

　　午餐時，我發給工作人員最近完成的自己的作品集目錄——一共45頁，含書籍、電子書、有聲書、錄影帶、軟體、健身方案等等——是我所有創作的清單。整份文件光是重量，連我自己都嚇一跳。

　　但那也不是當天最大的消息。

　　我在和工作人員午餐時站起來說，有件事我得到啟發，想與他們分享。我在牆上的白板上畫了一個點，然後將它圈起來。

　　「你在這裡。」我說道。

　　我告訴他們，白板就像購物中心的地圖，列出所有的商家，而其中有一個小框框寫著「你在這裡」，告訴你所在位置。

　　「從這裡你想要去哪裡？」我問。

　　「往上走。」有人說道。

　　「往上走出白板之外。」另一個人說。

　　「這些答案都很好，」我繼續說，「你們全都想往上爬。你們都想要更多銷售量、更多成績，以及更多財富。對不對？」

　　大家都同意。

　　我又在白板的最上方畫了一個點，然後將它圈起。

　　「那代表你想去的地方。」我說道。

　　然後我問了關鍵的問題：「你要怎麼從你現在的位置，走到你想去的地方？」

　　大家都沉默了一會兒，然後開始說出像是「走直線」、「一次做一件事」、「打更多通電話推銷」之類的

回答。

「這些回答都很好。」我說。「都很實際。但我要你們從影片《祕密》和我的書《相信就可以做到》的角度來思考。」

我又補充道:「我要告訴你們實現願望的最大祕密是什麼。」

大家都很安靜,不確定我接下來要說什麼。

「有沒有人想要知道這個祕密?」我問。

大家都笑了起來。他們當然想知道。

我指著第一個「你在這裡」的點,說:「要得到你想要的,祕訣就是對眼前的一刻心存感激。當你對此刻心懷感激,那麼無論接下來有什麼在等著你,都會從這一刻衍生出來。你得到了啟發而採取某種行動,開始往上爬,但唯一能夠爬到另一點的方法,就是對這一點有所感激。」

他們以前都聽過這套理論,但我要他們真正理解體會。

然後我告訴他們我的毛伊族朋友布奇說過的話。這句話是近年來我最喜歡的:「我完全心滿意足。我只是想要更多。」

那就是成功的關鍵之鑰。

想要更多，而非需要更多。

我繼續談論有關心存感激的事，以及那如何能夠幫助人往上爬。大部分的人在當下都不快樂，總以為爬到另一個點就會快樂。但最大的玩笑是，當你到了另一點之後，你還是不會快樂。你會在地圖上繼續找下一個點。你會用自己的不快樂鞭策自己往前走。問題是，其實這是沒有必要的。

只要在此刻感到快樂就行了。

你所追求的奇蹟，將從此刻衍生出來。

這群人明白了我的意思。他們和我握手、微笑，眼中露出光芒，帶著輕盈的腳步離開。

最精采的在這裡。

開完會之後，我接到一通電話。是我的助理蘇珊娜打來的。她幾乎從來不會打電話給我，而且她知道我在開會。所以我知道這通電話一定很重要。

我接了電話，聽到她說歐普拉的人想要我的媒體資料，好開心。

而且他們想在今天午夜前收到。

歐普拉的人在考慮請我上節目。

歐普拉！

　　你看：我在此刻是快樂的。因為我快樂，下一刻自然帶來了回報。下一刻我很快樂，又帶來了更多喜悅。

　　你也可以做得到。歐普拉或許不會打電話給你，但是你可以得到你應得的。

　　而你唯一需要做的是，擁抱「你在這裡」的想法，做它叫你做的事。

　　然後當電話響起時，去接就對了！

　　這個步驟的重點是心存感激。它實在太重要了，能幫助你清除障礙，獲取你所追求的奇蹟。

　　有一天，羅伯特‧林格（Robert Ringer）在他的電話會議上訪問我。他寫了好幾本暢銷書，包括《透過暗示得勝》（Winning Through Intimation）和《尋求第一》（Looking Out for #1）。他也同意感激是成功的關鍵。

　　我的解釋是，如果你可以對任何事感激，無論是一枝鉛筆、這本書或是你的襪子，那麼你就可以改變你的心理狀態。當你那麼做時，你會開始吸引更多讓你心存感激的事物。

　　我第一次上賴瑞金現場專訪時，我的朋友傑克・康菲德（他是《心靈雞湯》系列書的合著者）說，作家約翰・狄馬丁尼（John DeMartini）每天早上都要等到一滴感激的眼淚滑落面頰之後才願意起床。有了那樣靈敏的感覺，你可以想像當他開始一天的生活時，感覺有多麼棒。

　　我昨天花了一點時間在聖安東尼奧市和一個朋友在一起。我們暢談人生和心靈方面的事。我告訴他，大部分的人都沒有活在當下。人們都在尋找下一筆交易、下一輛車、下一棟房子、下一次加薪、下一張支票，卻不知道力量的核心，真正的奇蹟，其實就在當下。

　　追尋「事物」的過程是一個龐大的假象。那並沒有錯，只要你知道它是人生遊戲的一部分。但大部分人都誤以為它會帶來永恆的快樂。它並不會。當你一完成它或吸引了它，你就會想要別的東西。你會去追求下一刻。祕訣是，如何活在此刻，同時技巧地想要更多。沒有需求。沒有牽連。沒有附屬品。只有對此刻的感激，同時歡迎更多。

我跟朋友提到亞當・山德勒的電影《命運好好玩》。
亞當・山德勒試圖將生命快轉，而那也發生了。但當生命
走到盡頭時，他才發現他錯過了人生。

我儘量讓自己不錯過當下。當然，找還是有錯過的時
候。我也在學習。但我儘可能留在這裡，留在這一刻，因
為我知道，下一刻自然會到來。只要我全心全意參與這一
刻，接下來的時刻也會一樣美好，而且通常會更好。

事實上，當你停留在這一刻，你會吸引人生中更多更
美好的事物，也能更長久地享受這些事物。關鍵是帶著體
認和感激活在當下。

這個清除法則的關鍵是，抱持感激活在當下。當你這
麼做的時候，你就會開始吸引更多值得感激的事物。一切
都始於感激。

我完全了解，你或許在想你有太多帳單要付，或是
有太多病痛或擔憂，因而無法對任何事心存感激。但一定
有某件事是讓你可以心存感激的。一定有的。完全看你是
否選擇看清它。你或許會對這本書心存感激。或是有地方
住。你的朋友。你的椅子。你的人生。無論從什麼地方開
始都好，因為心存感激是吸引奇蹟最快速的方法。

事實上，心存感激讓你知道奇蹟已經在發生，就是

現在。蘇格拉底曾說過：「對自己所擁有的不心滿意足的
人，對將來他所擁有的也不會心滿意足。」

或許這個故事會幫助你對當下心存感激。

大約三年前，作家凱文・荷根（Kevin Hogan）告訴
我一個小男孩寇克的故事。那個小男孩在出生後幾個星期
就患了兒童中風。顯然中風也會出現在嬰兒身上，而且機
率比一般人想像中要高。

凱文請我替他為醫療和手術募款，而我也那麼做了。
結果，寇克現在已經可以動一點，而且常常開懷大笑。寇
克常在母親的協助下，用電郵寄「我愛你」的信和照片給
我，我看到每一次來信都會微笑。有一天我收到一封來
信，盯著它看了好幾分鐘，看著寇克那有感染力的笑容，
感覺自己被這個孩子充滿愛的精神深深吸引住。

幫助一個本性如此聖潔的人感覺真好。他似乎對於自
己的生活感到很快樂，沒有抱怨、沒有爭吵、沒有刻薄。

誰知道為什麼會有人像寇克這樣，出生在這個世界
上，然後立刻就生病了？是前世因果嗎？輪迴？還是──？

　　或許這是上天對我們的考驗──而非對寇克的考驗，因為他就像彌勒佛一樣快樂──這是上天給你我的考驗。被他的狀況困擾的人似乎是我們。我們才是被上天要求成長的人，不是寇克。

　　事實是，我不知道為什麼。但我知道當某件事出現在我的生活中，那是我自己吸引來的，而且療傷的抉擇在我手中。所以我做好我份內的工作。我幫助寇克籌募他的治療基金，並且在我的部落格和書中談到他，就像現在（寇克的網站是www.amazingkirk.com）。

　　想想寇克的人生，然後問問你自己，你有什麼好抱怨的？開始微笑吧。你有很多值得感激的事，不是嗎？

　　在這個段落，我邀請你一起來體驗這個神奇的清除技巧。在下方的空白處，或是在你自己的日記本中，寫下你心存感激的事物。你可以列出一張清單，或只描述一個經驗，或是任何你想像或記得的事。

清除法則 **2**
❧ 選擇改變內在信念 ❧

雖然一開始可能不明顯，但其實不快樂的人都是自
己想要的或選擇的。

　　　　　——布魯斯・迪・馬希科（Bruce Di Marsico）

　　你活在一個由信念主導的宇宙中。你相信什麼，就得
到什麼。那麼，你該如何改變信念，因而改變後果呢？

　　我用過最有效的一個清除工具，是一項叫做「選擇」
的簡單探問程序。那是布魯斯・迪・馬希科所創造，由
《愛是充滿喜悅》（To Love Is to Be Happy With）一書作
者貝瑞・考夫曼發揚光大。我從未見過布魯斯，但我曾和
貝瑞一起學習。我也和布魯斯的其他學生一起學習，包括
曼蒂・艾凡絲（Mandy Evans）。

　　曼蒂和我共事已經超過三十年。每當我感到「心有雜
念」，我都會和她預約來一場「選擇」探問。她幫助我釋
放各種信念限制，關於金錢、關於健康，也關於感情。當

我妻子過世時，我打電話給曼蒂。當我想要賺大錢時，我打電話給曼蒂。當我想要減肥，我還是打電話給曼蒂。

曼蒂很棒，不過她使用的工具才是幫助我和其他人的珍寶。那是一道以愛為出發點的簡單探問程序，用來探索我們為何不快樂。

每當你得不到你想要的東西，都會有一份隨之而來的情緒；無論是生氣、挫折、悲傷、沮喪、難過、憤怒，都是「不快樂」的變種。

曼蒂的做法是，幫助你探索你的感受背後的原因。你在探索的過程中會釋放。當你釋放之後，你就自由了。然後，奇蹟就可能出現。

我請曼蒂解釋她的方法。以下是她所寫的。

如何用「選擇程序」對話以探問「不快樂」

曼蒂・艾凡絲 著

© 2007

當你發覺哪些信念暗地裡阻礙了你，你就能改善你生活中的各個層面，從感情到財務都可以。你發現這些信念之後，可以質疑它們，坦然檢驗它們的真偽。

　　你可以找出並卸除那些造成恐懼、憤怒或罪惡感的信念,將它們控制住,然後釋放自己。

　　你不必在挫折中掙扎,試圖改變狀況和情勢,而是直接改變讓你停滯不前的信念。

　　所謂畫地自限或自我挫敗的信念,指的是那種造成不快樂或讓你不想去知道自己想要什麼、不想追求心之所欲的信念。它們影響了你追求的每個目標,甚至是你膽敢擁有的夢想。阻撓快樂的信念是對你限制最大,也最能打擊你的。

　　當你感到快樂並且心無雜念時,你就能做出選擇、採取行動,走出自己的路,那條路跟你心懷憤怒或恐懼時走的路完全不同。你會經歷一趟截然不同的旅程,來到一個不同的地方。

　　我用「選擇」程序幫助人們尋找、卸除那些阻撓快樂、創造力和成功的信念。它有一個主要元素是問答式「選擇對話」,那有點像是和你自己進行的信念訪談。

　　首先,接受你自己現在的樣子。如果你在探究自己的情感和信念時批判自己,你將無法看清真相。慢慢來,不要急。儘可能去了解你的情感和信念。每一個問題都要和前一個問題的答案有關聯。

你必須有意願去經歷一些困惑。當你的信念改變，你對現實的看法也會破裂、重整。這絕對是很令人迷惘的！問題和答案有時也會糾纏在一起。當你問的是你的情感及信念時，就更能理解一切。

以下是六個「選擇程序」的基本問題，幫助你清除障礙：

1. 你在不高興什麼？舉例來說，可能是生氣、感到罪惡或擔心。這個問題可以幫助你確切辨識你的情感。

2. 你為什麼對那件事感到不高興？心情不好的理由和讓我們心情不好的事是不同的。那些理由是我們的信念引起的。

3. 如果你不對那件事感到不高興，你會怎麼樣？這個聽起來奇怪的問題可以幫助你找出你失去這份感覺時會有的恐懼或擔憂。我們通常很難把某種情緒放開，即使是痛苦的情緒。

4. 你那樣相信嗎？

5. 你為什麼那樣相信？

6. 如果你不那樣相信，你會怎麼樣？有時候我們放

不開某種長久的信念，即使那份信念確實限制了你或讓你不快樂。你在擔心些什麼？你依然覺得那很真實嗎？

以下是我自己的「選擇對話」範例。我只用三個問題就改變了我的感覺和生活。我已經知道我對世界上的飢民感到很難過。於是我從第二個問題開始。

你為什麼對那件事感到難過？

答案：因為似乎沒有人在乎。不應該是這樣的。

如果你不對那件事感到難過，你會怎麼樣？

答案：我會對它置之不理。

你那樣相信嗎？

答案：不！當我一問這個問題後，我就知道當我感覺越糟，我的行動力也越低。事實上，當我真的感覺很糟時，我根本一點都不願意去想，更別提要採取行動了。

我立刻就覺得好過多了。現在我採取更多行動，捐獻更多錢，而且想辦法去做改變。

如果有人要我回顧我一生所學習到的事，然後提出一點忠告，我會說：要一直質疑不快樂的情感。不要把負面的情感視為理所當然。

快樂是人生這場遊戲中的大獎，而你可以自己賺到它！

向你的快樂致敬！

曼蒂・艾凡絲

www.mandyevans.com

你們可以把曼蒂的方法套用在現有的情緒上。想想看有什麼是你現在想做或想擁有的。如果你還沒有吸引到它，你對它的感覺又是什麼呢？

1. 你在不高興些什麼？舉例來說，可能是生氣、感到罪惡或擔心。這個問題可以幫助你確切辨識你的情感。

_____

_____

_____

2. 你為什麼對那件事感到不高興？心情不好的理由和

讓我們心情不好的事是不同的。那些理由是我們的
信念引起的。

_____

_____

_____

3. 如果你不對那件事感到不高興，你會怎麼樣？這個
　 聽起來奇怪的問題可以幫助你找出你失去這份感覺
　 時會有的恐懼或擔憂。我們通常很難把某種情緒放
　 開，即使是痛苦的情緒。

_____

_____

_____

4. 你那樣相信嗎？

_____

_____

_____

5. 你為什麼那樣相信？

_____

_____

_____

6. 如果你不那樣相信，你會怎麼樣？有時候我們放不開某種長久的信念，即使那份信念確實限制了你或讓你不快樂。你在擔心些什麼？你依然覺得那很真實嗎？

_____

_____

_____

此時你應該對於問題有更清楚的了解。如果你還在介意什麼事，或是有新的情緒出現，只要再次用這個程序就可以了。「選擇對話」是一種非常能幫助你釋放的簡單方法，能夠釋放停滯的能量和畫地自限的信念。當你的心境自由了，就能吸引你想要的任何東西。

清除法則 **3**
∾ 釐清你的思緒 ∾

如果我們都假設「公認的事實就是事實」，

進步的希望就很渺茫。

——歐維爾・萊特（Orville Wright）

　　萬能鑰匙能夠去除對你無益的隱性思緒或信念，以免吸引到你不想要的事物。你嘴巴上說想吸引一個伴侶，但你可能一直都吸引到不適合的對象。你想買一棟完美的房子，但總是搬進爛地方。你想要一份好工作，但找到的卻一直是自己不喜歡的。

　　事實上，你所吸引的正是你心中想要或期望的東西。所以，重點在於改變你的隱性心理線路，才能吸引到你最想要的東西。

　　我發覺，使用「尋找信念」的工具，可以發現那些顯然在控制我們生活的隱藏信念。那些信念都是不自覺的，但只要使用正確的方法，你可以把它們逼出原形。

　　還有一項經證實能有效幫助你釐清思緒的工具，是認知心理學。我請拉瑞娜・卡絲醫生（Dr. Larina Kase）幫我解釋並示範這個方法。以下是她專門為本書讀者寫的建議。

使用認知心理學來清除障礙的5個步驟

拉瑞娜・卡絲醫生 著

　　由艾倫・貝克醫生（Dr. Aaron Beck）所創始的「認知療法」（Cognitive therapy, CT），有四十年的研究基礎，是一種清除任何局限信念的有效方法。「認知療法」的主要組成要素是你的思緒、情感、行為與生理反應。這些要素都會互動，來決定你的情緒與行動。以下是使用「認知療法」來釐清思緒的5個簡單步驟。

　　首先，辨識出對你產生干擾的、讓你不愉快的或有破壞性的思緒。把它們寫下來。這個過程就像用網子抓蝴蝶一樣。思緒稍縱即逝，而且一般來説我們根本沒有意識到它們的存在。當你辨識出你的思緒，你就提高了你的知覺力，進而可以改變思緒。如果你覺得很難捕捉思緒，請仔細注意你在情緒上的轉變；當你一注意到轉

變時，就立刻問自己：「剛才閃過我腦中的是什麼？」
你將能辨識出一個作用力強的思緒。

　　其次，像一個中立的陪審團在檢視證物般看待你
的思緒。不要預設立場認為你的思緒就是事實，先蒐集
證據來評估它們的正確性。請拿一張紙來，將它區分成
三欄。在第一欄寫下標題「情緒上的思緒」。在第二欄
寫下標題「這份思緒屬實的證據」。在第三欄寫下標題
「這份思緒不實的證據」。在各欄中填寫你情緒上的思
緒屬實和不實的證據。這就好比帶著好奇、不帶評判地
觀察蝴蝶。

　　第三，進行一些行為實驗，來進一步測試你思緒
的真實性。舉例來說，如果你的思緒是：「我每次在一
群人面前總是說錯話。」你就應該在很多人面前說話，
來測試它是真是假。你真的常常說錯話嗎？這個步驟也
可以幫助你跟你擔憂的事物做練習，在多次練習之後，
你就更容易應付它們，而當你擔憂的後果沒有真的發生
時，你會更有信心。

　　第四，根據你所蒐集的證據和行為實驗的結果，來
決定你原本的思緒是否屬實。想一想你的擔憂發生的可
能性。你或許會發覺，讓你不高興的事並不會發生。如

果它有可能發生，問問你自己該如何處理；然後你會了解自己其實很有辦法，能夠應付困難的處境。

最後一個步驟，就是去明白，讓你困擾或受限的思緒其實是不必要的。它們對你一點幫助也沒有。思緒不會傷害你，所以不要去抗拒。記得，你越不想去經歷某件事，你就越有可能去經歷它。如果你試圖壓抑某個思緒，它會一直回來，像一首縈繞在你腦海中的曲子一樣。不要硬拉著負面的思緒不放，但也不要把它們推開。如果它們之後又回來了，就讓它們自己漂走。放走那些蝴蝶吧。你現在已經心無雜念了。

在下方的空白處，或是你自己的日記本中，用拉瑞娜的方法幫助你解決問題：

_____

_____

_____

_____

_____

_____

_____

_____

_____

_____

清除法則 *4*
∽ 催眠故事 ∾

有件事你知道，但你不知道你知道。你一旦知道那
個你自以為不知但其實已知的是什麼，你就知道你
可以開始了。

——米爾頓・艾瑞克森（Milton H. Erickson）

　　清除障礙最有效的方法之一，就和你現在做的事一樣
簡單：閱讀。

　　閱讀拓寬你心智的書籍，可以幫助你釋放局限的信
念。無論你是閱讀朗達・拜恩（Rhonda Bryne）的《祕
密》、克勞德・布里斯妥（Claude Bristol）的經典名作
《信仰的魔力》、黛比・福特（Debbie Ford）的《黑
暗，也是一種力量》、傑瑞・希克斯和愛絲特・希克斯的
《吸引力定律》、傑克・康菲德的《要如何達到成功的境
界？》，甚至是像我寫的《零限制》或《相信就可以做
到》，都可以幫助你明白，改變現狀是有可能的。

　　這些書為什麼可以幫助你清除障礙呢？部分原因就是書中的資訊。它們教育你去相信奇蹟。書本也會改變你的潛意識，傳遞希望和新的可能。

　　這就是我所謂的「催眠故事」。我在其他書中也曾寫過這一點，例如《催眠行銷》和《購物迷》。由於我是催眠治療專家，我知道一個進入你心智進而改變你信念的好故事是多麼有價值。它很容易，不費力就可以發生，你只需要放輕鬆閱讀就行了。

　　馬克・萊恩（Mark Ryan）是世界上最厲害的催眠大師之一。他和我創作了一系列的DVD，裡面有很多讓你在看影片時，從內心改變你的故事（你可以在www.subliminalmanifestation.com閱讀相關資訊）。我請馬克為讀者寫一篇催眠故事。再次強調，你只需要閱讀就可以了。你不需要思考。你不需要記筆記。你什麼都不需要做，只需要閱讀下方的故事即可。

清除障礙的超級祕密

馬克・萊恩著

祕密：從你目前的信念層級開始。

　　我一生中擁有過很多輛車，大多數是二手車。我注意到在多年的買車經驗中，我常無可避免地遇上問題。我會解決那些問題，儘可能花最久的時間開那輛車，用我能要到的價錢賣掉它，然後再買另一輛。

　　我知道如果車子需要大修的時候，就是該賣掉它的時候，因為很多年前我曾修過車。我有過的那輛車，已經開了很多里程數，我也準備好在幾個月內就賣掉它。然後它開始不停地拋錨，彷彿知道我打算賣掉它一樣。我真的不想修它，因此我考慮以更低的價格把它賣了。但有一天，我聽到一個沉著、細小的聲音告訴我說，我需要為了下一個買主著想而修車，而非把我的問題丟給下一個人。

　　我願意改變宇宙間的互動而投資嗎？那會價值多少呢？

　　我知道若我決定修車，在財務上是不划算的。但另一方面，那對於世界上其他人和整個宇宙而言，卻是一種投資。

　　於是我決定選擇改變宇宙……並且投資。

　　後來我花了大約一千美元去修車、換新輪胎，而且車子我也只打算賣一千元。

當對方來買車時，油箱突然開始漏油，而且漏得很嚴重。我告訴買主漏油的事，並且說我會負責修理。但是他馬上就想把車開走，所以我把價格壓低到七百五十元。買主對這樁交易非常滿意，尤其是在看到我最近修車的帳單之後。

記住這個故事，現在我要告訴你另一個故事。我發現一個清除障礙的好方法，那就是聆聽自己內心那個沉著、細小的聲音，就像我要賣那輛車時一樣。

我有十四年都一直住在一棟屬於我家族的超過一百年的房子裡。

我想搬出去。

我很喜歡這棟房子帶給我的美好回憶，尤其是當我祖母住在那裡的時候。但房子的結構有問題，還有很多小地方也需要修理。而那些問題都是我不想去應付的。

我開始強烈表示我想搬去加州。我想離開紐約州北方漫長的冬天，以及這棟房子的種種問題。我曾到加州去出差和度假很多次，但我似乎就是沒有辦法讓自己搬去那裡。

有一天，我躺在二樓的床上，感受到那些沉重的問題，而那個沉著、細小的聲音開始問我，如果我待在這

棟屋子裡更長一段時間，我會怎麼處理它。不盡然只是為下一個將會住在這裡的人做好準備，而是為住在這裡的人如何改善這個環境——也就是為我自己！

我反覆思索好一陣子。我甚至不想去想它，擔心我可能會對於那些改變感到興奮，導致我繼續留在一個我不想留下來的地方更久。

聽起來像是自相矛盾，然而我知道，若要在加州擁有我夢想的家，那麼我需要知道活在當下是什麼感覺，喜歡我在當下所擁有的，並且知道我需要什麼才能讓我活得快樂。我需要在當下此地，在現在的環境中，在我目前的家感到快樂。

很多人都會表達自己不想要什麼。我們希望移除某個事物。我們希望有事物能夠讓我們遠離當前的問題，尋求解脫。

當然，宇宙知道這並不是我們真正想要的。它知道我們是在表達想遠離某件事物的欲望，而並非表達自己想創造某件新事物。

解脫的念頭只會創造出一個我們也想解脫的新情況。

想到身處於一個我愛的地方，一個讓我對當下完全

滿意的地方，會讓我當下愛的地方更多。

因此，我在一張長長的黃色筆記本紙上寫下一張清單，列舉七項讓我能在目前這棟房子裡自在居住，並且真正再次喜歡這棟房子的事物。（誰知道呢？或許是這棟房子在影響我，要我給予它想要的東西，然後才肯放我走吧。）

我開始寫那張清單之後，就感覺到內心某處開敞了起來。那是一種非常輕盈、明亮的感覺，我可以感覺到自己很享受住在這棟房子裡。過去那種封閉、難熬、想要解脫的感覺，現在全都敞開了。我的心胸也敞開了，迎接著一份新的感覺，那就是在當下愛著這棟房子。

我越專注在那份感覺上，就越覺得開朗。過去我不知道該如何解決的問題，像是修理後屋的屋頂，答案都朝著我湧上來。

解決那些問題雖然是瑣事，不是在加州擁有夢想之家的那種大目標，但它們同樣也帶領我走向更大的目標。

我在一年後找到那張長長的黃色筆記本紙。我在回想當時寫了些什麼。然後我注意到，那是我一生中第一次寫下我的目標和意圖，而那七項事物的每一項我都達

成了。不可思議的是，那些事似乎都是不費什麼力氣就達成的。每當我需要完成一項計畫，就會有貴人出現幫助我。

屋前的陽臺需要重新粉刷。有一天，一位送貨員對我說：「萊恩先生，你打算什麼時候粉刷你的陽臺？」我回答：「等我找到人幫我的時候。」他自告奮勇說，如果我買油漆，他願意以五十美元的代價替我粉刷。這件事就完成了！而且，他又以兩百五十元的代價，粉刷了我的車庫和工具屋。我真是賺到了！

又有一天，一位朋友過來，注意到我的屋頂需要重新鋪木瓦。那也是我清單上的一項工程。他說他可以幫我完成。雖然他開的價超出我的負擔，但一位親戚答應借我錢，所以我開始了那項工程。

在拆下木瓦的時候，他又發現我屋後真正的大問題：白蟻侵蝕了整個屋椽，水也跑進來了，上面長滿黑色的霉。我們必須趕快採取行動，拆掉並重建我的屋後。

我需要更多錢，可是我沒有。但他開的價格比其他人的都要便宜一半，所以我知道我不得不那麼做。

他告訴我他打算怎麼修理，說他腦中有個想法，要

讓這塊地方比以前更好。我驚訝地聽著他的描述。他所說的每一個字，幾乎就是我自己一年前腦中的畫面。現在我知道他出現的原因了。

事實上他也告訴我，他覺得自己彷彿是被派來幫忙我的。而且他也自願這麼做，因為他覺得自己彷彿在彌補過去，同時清理未來。他知道幫我的忙對他會有助益。

清除我屋後的黑霉還有另一個好處。我生了將近兩年的病，現在開始覺得好多了。

我一開始採取行動，宇宙就知道，而且還讓我復原。

當我閱讀著那張黃色清單，我就知道祕密是什麼了。我知道我做了什麼和過去不一樣的事。

這棟房子在外觀和感覺上都不一樣了。鄰居也對我的翻修工程讚不絕口。

我的一個好友打算搬到好萊塢去演他自己的電視影集。他問我是否有興趣和他一起搬到洛杉磯去。你應該可以猜出我的回答。

我的女朋友想搬到一個陽光普照的地方。她和她孩子的父親有過約定，他們會一同選擇一個地方，讓雙方

可以一起撫養兒子長大。過去的幾個月中，他們始終無法達成共識。她清單上的每個地方都得不到他的贊同。但昨天，他和她提到搬去加州的事。當她問他加州哪裡時，他說他有種奇怪的預感，想搬到舊金山南部——剛好就是我想搬去的地方。她從未告訴他我們討論的事，因此覺得很不可思議，他竟然會想搬去我向她提過的同一個地區。

加州在召喚我！

所以祕密就是：讓你排除障礙的一切事物，就存在於你的當下生活中！

此時此刻，坐在這裡的你，要怎麼樣才能快樂？讓你的想像力盡情發揮吧。

這就是最大的區別之處。將它應用於你的現狀。你如何能讓你的現狀變得最好？你要如何改善你的現狀，為下一個進入這個環境的人做準備，無論那是一輛車、你的家、你的職位，或是你在銀行排隊等候的位置？更重要的是，你要怎麼做才能讓你自己過得更好？

最後一點：當你放開你的加州夢，開始清理你的現狀時，**別忘了，宇宙是真的知道你想要什麼**。當我放開我的加州夢，專注於創造一個更好的當下時，我就更清

楚了解我想要加州的什麼，以及我到了那裡想要什麼感
覺。

　　我沒有把我的加州夢當成解脫之路，相反的，我為
我的現狀創造出愛。藉由創造愛的過程，我創造的現狀
會帶來更多的愛。沒有愛作為動力，真正的夢想是不存
在的。

　　我沒有把一輛問題很多的破車扔給一個不疑有他的
買主。我把車修理好，創造出一輛我可以安心賣給別人
的車。從愛的角度把那輛車修理好，我也為自己創造出
一個機會。

　　在你的現狀中創造你的愛的動力。你要清楚自己如
何用正確的方式表達那份愛。然後，你最大的夢想自然
就會引導你，讓你成為夢想成真的主角。

　　馬克‧萊恩的故事相當有力。當這個故事不知不覺滲
入你的意識時，讓我告訴你我自己的一個小故事：

　　馬克在2007年4月來拜訪我幾天。我們天南地北聊得
很愉快。我們都很喜歡分享故事，同時發現新事物。很多
時候我們都是一邊抽雪茄或喝威士忌說那些故事。

　　有一天馬克和我去拜訪朋友。我們兩人都不太知道

路。馬克笑著問：「你有沒有看過《銀河飛龍》裡面有一集，大家在一個新的星球迷路了，問畢凱艦長該怎麼走。」

「沒有，」我說，「但我很喜歡那個影集。你告訴我吧。」

「畢凱艦長說他們必須爬到山頂上然後往左走。」

「然後呢？」

「他旁邊的女生看穿了他的心思，說：『你根本不知道我們在哪裡，對不對？』」

我笑了，馬克繼續說下去。

「畢凱說他是艦長，必須表現出有信心，即使在沒有信心的時候也一樣。」

這個故事很棒。接下來的一整天，我都做出快速、自信的決定，即使當我完全不知道接下來會發生什麼事，或是我自己在做什麼。這個角色扮演讓我的一天過得很有趣，而我也變得更有力量。

當我們的朋友打電話給馬克，問我們何時會到，我告訴馬克：「我們6點23分會到。」

我根本不知道我們何時會到。但由於我表現得彷彿知道一般，我對這次行程就有了更大的掌控。事實上，我的

人生變成了一場歷險,而我是我人生的艦長。

是的,我們和朋友碰頭了,而且比預期的時間要早。我們終於找到了路,也不再碰到塞車。我們在朋友預期我們會抵達的時間之前抵達——很接近6點23分。

清除法則 **5**
～ 我愛你 ～

我們是由我們的經驗總和而成，也就是說，我們的
肩上背著過去。當我們在生命中經歷壓力或恐懼，
如果我們小心觀察，會發現原因其實都來自回憶。

——莫娜‧席米歐娜（Morrnah Simeona）

　　三年前我聽說有一位夏威夷心理醫師，幫助治好了一
整間精神罪犯，而且沒有一個人是到他的診所去看診。後
來我和他見面，和他一起研究，並合寫了一本書叫做《零
限制》。他的方法非常有效，能清除所有局限的信念。而
且這個方法就像說三個字一樣簡單。

　　這位連恩博士教我，只要對神（或上帝、生命、道，
你要怎麼稱呼那份至高無上的力量都行）說「我愛你」，
就可以引發療效。這種禱告或祈求的方法源自於一種叫做
ho'oponopono的夏威夷傳統心靈療法。我接下來會描述它
的道理，這樣你就可以使用這個清除障礙的法則。

　　基本假設是，你所做的每個行動都是源自啟發或記憶。啟發是來自神祇的直接指示。記憶是你潛意識中的一個程式。你必須做的是釐清那些記憶，讓你得以依照神祇的指示來行事。

　　你對這本書中這些字句的回應，很可能是一種根據回憶而來的反應。如果你不同意我說的話，那是因為你腦中有一個舊程式，和我所寫的東西不一致。如果你同意我說的話，那可能是因為你有一個舊程式和我寫的東西相符。無論是哪一種情況，你都不夠客觀，也不夠清楚，因為有包袱從中作梗。那個包袱就是你的記憶。要清除這個包袱，你需要說：「我愛你。」

　　根據連恩博士的說法，只要對神祇說「我愛你」，就會開啟一個清除或淨化的過程。這些字眼會激發你內在的情感。這些字眼會被神祇聽到，而神祇會派遣一個訊號下來，清除任何在此時此刻作梗的記憶，帶來完全的清晰與認知。

　　如果你是第一次聽到這個概念，或許不覺得這很合理。那是因為你現有的記憶和我此時和你分享的話語相衝

突。你心中的世界模式和這個世界模式並不相符。如果你
現在感覺到這種困擾，只要將它握在你的意識之中，然後
對神說：「我愛你。」

當你那樣做的同時，我也一邊寫這些字，一邊說：
「我愛你。」

連恩博士的方法包含了移除你所有的記憶或負面態
度，以便在你自己甚至他人身上看到改變。聽起來很怪，
但當你解決自己的問題後，別人的問題也會跟著消失。

連恩博士的概念就是用愛來把問題趕走。你藉由不
停地說「我愛你」來執行。還有其他三句話也是你可以說
的（「對不起」、「請原諒我」和「謝謝」），但目前來
說，簡單的「我愛你」三個字對你就足夠了。我已經這樣
做了三年，而我的生活簡直棒得不可思議。我幾乎每分每
秒都活在喜悅裡。

我學會這個方法之後，就開始用在發生在我身上的每
一件事。我用在塞車、講電話、在觀眾面前、泡三溫暖、
抽雪茄、走路、排隊、覺得身體痛、回憶起某件事等等各

方面。我很少大聲說出這三個字，都是在心裡默念。「我愛你」成了我的「心聲」，讓我的生活從擔憂轉變成為美好。

由於我是個實務玄學家兼企業家，我也想看看這個瘋狂的法則是否可以套用在銷售和其他事物上。每當我寫一篇文章或推銷信，我都會附上愛。每當我寫一本書，例如這本書，我都會一直在心裡默念「我愛你」。

我注意到我的電郵和文章都會被人閱讀，流傳到數百萬的讀者眼前。我的書《零限制》也成了亞馬遜網站的暢銷書，而且是在它正式出版前六個月。有好多人先預購，讓它上了暢銷書的排行榜。

但我的試驗並沒有停在那裡。

因為我想確定這個法則對其他人也有效，而不只是對我有效，所以我把它教給我的好友們。跟我曾合寫一本書的比爾・席柏勒（Bill Hibbler）就抱持著懷疑的態度。但他借讀了《零限制》出版前的版本之後，也開始熱愛他的產品和他自己的訂閱者。以下就是他說的話：

「一月一日到一月四日的銷售額比十二月一日到十二月四日的銷售額增加了41.39%。在一月那四天之內，我並沒有寄郵件給名單上的人，也沒有展開任何新促銷活動。

我只是做了淨化，同時一整天讀你的書。」

比爾又告訴我，他看到http://create-ultimate-ebooks.com/網站上的銷售額大增，但他根本沒有在那個網站上促銷。

這是怎麼發生的呢？

用「我愛你」這樣一句禱文來淨化你自己，為什麼能夠幫助你增加銷售額？

整個世界反射的都是你內心的感覺。所以如果你感覺到愛，你就會吸引愛。因為愛包含了感激，你就會吸引更多值得感激的事物。這就是我的書《相信就可以做到》及影片《祕密》裡面的主旨。你感覺什麼，就會得到什麼。

就是這樣。

我認為你（我）都只是想要愛。每個人都一樣。當你在心裡默念「我愛你」，你就是為自己在做淨化，而你也散發出一股活力讓其他人感受到。結果就是：更好的銷售成績。

還是不太信服？

這樣想吧：

即使你認為這個方法太瘋狂，但當你在打電話、寫電郵、拉生意和過一天的生活時，心裡默念「我愛你」這句

話，會對你造成什麼傷害呢？就算不靈，至少你會過得高興一點。

試試看就知道了。

順便提一下：「我愛你。」

以下是範例：

當我得知我的胸腔長了淋巴腫瘤，而且有轉變成癌症的可能，我第一個反應是驚慌。我去找的那位癌症專家對我描述的狀況很不妙。他想要立刻做切片檢查，甚至沒有告訴我這種事可能會造成的長期後果。我曾打電話向朋友、治療師以及其他人求助。他們都給我建議，而我依照了許多建議去做。我也使用了這個「我愛你」的淨化法則。

當我在家躺在床上，一遍又一遍在心裡對神說「我愛你」，我突然有了一個啟發。我突然發現這個健康方面的挑戰，無論最後會演變成什麼，都是上天賜給我的禮物。如果真的是的話，我猜想上天要給我的是什麼。許多人都說他們罹患的癌症和其他健康恐慌最後都成了喚醒他們或

者讓他們更堅強的事。我心想不知道這個問題是否會帶給我什麼樣的禮物。

我躺在那裡，在心裡默念「我愛你」，然後開始想像我胸部的腫瘤。我已經看過掃描的片子，所以我知道它們長什麼樣子。我一邊在腦中幻想，一邊開始和它們說話。我問：「你們要我學到什麼教訓呢？」還有「你們想告訴我什麼呢？」

我幾乎立刻就在腦海中看到我死去的妻子。她在三年前過世了。我們結婚了二十年，她是我最要好的朋友。當我想著她，腦海中出現她的影像，並且說「我愛你」時，我開始感受到悲痛。當她死的時候，我每天以淚洗面，整整一年。然後我哭泣的次數慢慢減少。但我依然很想念她。

我開始感覺到那些腫瘤其實是我對她無法放手的象徵。掃描片中的影像看起來就像一個小人，緊連在我的身體內部。那似乎也是我在心中緊抓著不放的具體象徵。我還沒有完全放開我妻子。我內心的一部分依然緊抓著她。

我繼續在心裡默念「我愛你」。當我那麼做的同時，其他的字句也出現了，像是「對不起」和「請原諒我」。當我繼續那麼做，我看到那些腫瘤越變越小，越變越小，

最後終於消失了。

　　使用這個淨化法則大約二十分鐘之後，我覺得障礙都清除了。雖然我依然無法確定那些腫瘤是否全部消失，但在我心裡，我知道它們確實已經不存在。我曾愛過它們，聽到它們想告訴我的訊息，然後放它們走。後來，當我去做核磁共振造影看那些腫瘤時，檢驗結果是，它們已經對我無害了。

　　有一天我遇見一位來自聖安東尼奧市的教師。他教的是需要特殊教育的孩子。他讀過《零限制》並已開始練習「我愛你」默想法。他告訴我說，他有一個學生患有緊張性精神分裂症。那個孩子每天都在發呆，口水從他嘴巴裡流出，而且毫無反應。

　　那位教師決定不從學生身上下手，而是從他自己下手。他坐在教室裡，心裡默念「我愛你」，一邊想著那個孩子。他這麼做了好幾分鐘。

　　然後他走到那位學生身邊，問他是否想要做數學練習題。出乎那位教師意料之外，那個孩子竟然看著他說：

「好，我可以試試看。」

　　接下來的三十分鐘，那個學生坐在他的書桌前做練習。對那位教師而言，這是前所未有的突破。他認為這整件事都歸功於這個淨化法則。他沒有選擇從學生身上下手，因為那只是試圖改變外在。相反的，他從他自己身上下手。然後，那個孩子就改變了。

　　這就是「我愛你」法則的奇蹟。

　　想想你現在生命中令你挫折的某個人或某件事。那可能是健康方面的問題，也可能是一個和你處不來的同事。不管是什麼都沒關係。任意選一樣事物來做這個練習。

　　在你的腦中想著那件事或那個人，開始默念「我愛你」。你可以對神說這句話。無論你是否相信，都暫時先信任這個程序，繼續下去。你只需要反覆默念「我愛你」。當你這麼做的同時，你會開始感受到愛，而你也會開始轉化那件事或那個人。

　　不要忘了，別人並不需要知道你在做什麼。如連恩博士所說，「外在」的一切都是空的。一切都掌握在你手

中。一切都在於你和神的關係。要淨化那份關係，你只需
要說那簡單的三個字。

　　現在就那樣做，然後將你的經驗記錄在這裡或是你的
日記本中：

_____

_____

_____

_____

_____

清除法則 **6**
❧ 把困擾敲趕走 ❧

所有負面情緒的起因都是體內的能量體系受到干擾。

——蓋瑞・葛雷（Gary Craig）

　　多年前我曾患有恐慌發作的焦慮症。那些症狀來得突然，而且感覺很不好受。過去我不知道那些是自己的潛意識因素所造成的，因此我想盡辦法要減少它們的發生。有一個讓我淨化那些恐懼的方法，簡單得幾乎不可思議。

　　那個方法是羅傑・卡拉漢（Roger Callahan）教我的。他把它稱為「思維場療法」（Thought Field Therapy, TFT）。它是教你用手指敲打臉部、胸部和手臂的特定部位。當你一邊敲打的同時，你要反覆說一些字句。雖然我沒有馬上相信他的方法會奏效，我還是照做了。令我驚訝的是，它確實奏效了。而且一直有效，屢試不爽。

　　我開始研習「思維場療法」以及由它而生的其他療法，像是「情緒釋放技術」（Emotional Freedom

Techniques, EFT）。今天已有數百位「情緒釋放技術」的
講師，更有數以千計的人演練這套方法。其中一位便是布
萊德・葉慈（Brad Yates）。

　　布萊德和我共同設計了一個叫做「金錢滾滾來」
（www.moneybeyondbelief.com）的講座。它教導人們用
這個簡單的敲打法則來排除各種潛意識中圍繞著金錢的信
念。布萊德也是我的講座「如何吸引一輛新車」（www.
attractanewcar.com）的貴賓：他幫助人們排除內在的限
制，得以將一輛新車吸引入他們的生活。因為布萊德是
「情緒釋放技術」的大師，所以我請他解釋你現在可以怎
麼做，來排除任何阻礙你的事物。以下就是他說的話：

用「情緒釋放技術」來排除障礙

布萊德・葉慈 著
www.bradyates.net

　　在顯化個人欲望的過程中，一個經常被忽視的程序
就是淨化。大部分「吸引力法則」指南都告訴你要專注
於你真正想要的事物，去觸及正面的感覺，然後放鬆看
著一切出現在你面前。

　　很多人因此在那裡等待、觀望，卻變得越來越挫折，因為他們想要的並沒有出現。

　　問題在於，我們的思考有百分之八十至九十是無意識的。因此，雖然偶爾我們會專注在我們所想要的正面能量上，但大部分的時候我們是受限於內在思想或情緒，讓它們決定我們能夠或應該擁有什麼。如果你想知道你的內在認同你擁有什麼，只要看看你所擁有的東西就知道了。如果那些並不是你說你想要的，那麼大部分的時候，你和你說你想要的並沒有達到共振的和諧。

　　不過，這並不表示吸引力法則對你無效。它對你一定有效，只是你自身對於你想要的存有信念上的衝突。這些衝突是可以排除的。

　　有很多方法可以排除這些無意識的局限信念。傑克‧康菲德在上了歐普拉的節目談論《祕密》之後，提到這些方法，包括「情緒釋放技術」。它是用來排除令人不適的感覺，包括情緒上和身體上。這個方法很簡單、有效，而且通常很快，適用於身心結合的層次。或許最重要的一點是，你可以輕而易舉地自己完成。

　　有越來越多人認為「情緒釋放技術」是一項不可多得的工具，幫助我們用更有意識的方法──排除無意識

的衝突——來啟動吸引力法則。

「情緒釋放技術」以古代中醫為根據，使用跟針灸用的同樣的能量通道，稱為穴道。負面的情緒，也就是那些阻撓我們吸引我們說我們想要的事物的情緒，都是因為能量體系受到了阻礙。藉由敲打主要穴點，我們可以平衡能量，消除障礙。這也是我用過的最容易消除壓力的工具。

宇宙的一切是無限量的，你想要什麼都可以擁有。你之所以沒有體驗到你想要的事物，是因為你在抗拒它。我們抗拒的原因，是因為我們擔心不安全，或是擔心自己不值得擁有，很多時候則是兩個都擔心。

以下就是一些你如何使用「情緒釋放技術」的建議。簡單地說，你要使用兩根手指輕輕敲打特定穴道。首先敲的是你另一隻手的掌心外側，其次的敲打穴道為：

· 眉毛的起點

· 眼睛側邊

· 眼睛下方

· 鼻子正下方

・嘴巴正下方（下巴上方）

・鎖骨交接處

・腋下四英寸處

・頭頂

　　先從閉上你的眼睛開始，深呼吸，然後問你自己：「擁有_____（無論你想要擁有的是什麼形式的東西，例如一輛新車、一棟房子等等）對我而言風險有多大？」注意你身體產生的感覺，還有任何你為什麼不該擁有這個東西的念頭。把那份抗拒用零到十來評分。

　　輕敲你手的側邊（掌心外側），然後說：「雖然擁有這個東西的風險很大，但我深深地、完全地愛我自己、接受我自己。」

　　然後輕敲各個穴道，說：「擁有這個東西的風險很大。」

　　深呼吸一下，看看那股抗拒的力量是否減輕了。重複這麼做，直到你覺得鬆了一口氣。

　　現在用一到十的分數來評估你多麼感覺或相信你值得擁有你所想要的東西，然後用以下這句話做同樣的練習：「我雖然我不認為我值得擁有這個東西，但我深深

地、完全地愛我自己，接受我自己。」

　　你可能會問：「我為什麼要那樣說？我應該只能專注於正面的事！」

　　那麼我要問你：如果你打翻東西在你的地板上，你應該不理會它，從此只專注於地板乾淨的部分嗎？如果你不把它清理乾淨，你真的能夠把弄髒的地方從你的腦海中抹滅嗎？沒錯！要把它清乾淨，把它抹去，然後給你自己四處移動的自由，不需要去假裝某個東西不在那裡。

　　當你排除局限的信念後，你就給了自己那份自由，可以和你真正想要的事物處於共振的和諧當中，即使你並沒有刻意那麼做。

　　最後一點：「情緒釋放技術」和其他法則一同運用時，也非常有效。我甚至把它和ho'oponopono的夏威夷傳統心靈療法合併，敲打各個穴道，一邊說：「對不起。請原諒我。謝謝你。我愛你。」

　　試試看吧。

　　你值得擁有很多。就讓自己擁有吧。

清除法則 **7**
～ 納維爾法則 ～

世界是由人類的想像力推展而成。

——納維爾・高達德（Neville Goddard）

　　要吸引到你想要的事物，並且移除任何阻撓你的障礙物，最有效的工具是我所謂的「納維爾法則」。我編出這個名詞來向巴貝多的神祕宗師納維爾・高達德致上最高的敬意。他經常演講，也寫了很多書，如《信仰決定命運》、《覺醒的力量》、《不朽的人》和《悉聽尊便》。

　　納維爾相信，你的現實是透過你的想像所創造出來的。如果你想改變生命中的某件事，你必須用新的想像的經驗來做到。但納維爾也很快指出，光靠想像是不夠的。你還必須做另外兩件事：你必須去感受最終的結果，並且將它當作已經發生一般去感受它。

　　很多人都以為他們在腦海中看到的事物最終會發生。但要加速顯化的過程，你也必須感受達成那件事物之後是

什麼感覺。也就是說，看到你想要的新車是一回事，想像已經擁有它是什麼感覺又是另外一回事。後者能夠加速吸引力法則。

納維爾在1969年的一場演說中說：

「把一個情況看成外在的東西，那麼你就會捲入它的陰影當中，因為每一個對你的幻想行為有反應的人，都是一個陰影。一個陰影要如何成為你的世界裡的原因？你一旦給了他人因果關係的力量，你就等於把那股原本屬於你的力量傳送給他。其他人只是陰影，目睹在你身上所發生的事。世界是一面鏡子，永遠反映著你在內心所做的事情。」

納維爾說的是，你的外在世界只是反映你的內在世界。改變內在，你就可以改變外在。如果你想要吸引任何事物，你必須從你的內在去做。而你是靠想像和感覺去做的。

以下就是如何去做的方法：

當我接到電話受邀上CNN的賴瑞金現場專訪時，我

毫不考慮就答應了。但我承認自己也很緊張。我就要上現場電視節目，出現在好幾百萬人面前。我所有的恐懼和自我質疑都出現了。如果我說錯話怎麼辦？如果我口吃怎麼辦？如果我腦子一片空白怎麼辦？如果我噎著了呢？如果賴瑞金不喜歡我怎麼辦？如果觀眾不認同我說的話怎麼辦？

從德州飛往洛杉磯的飛機上，我坐在那裡，感覺著我的恐懼。我知道我越去幻想，感覺我不想要的東西，我就會讓那份感覺更真實。我會讓吸引力定律吸引來我不想要發生的事物。

我該怎麼辦呢？

那時我想起了納維爾。我拿出一個本子和我的筆，開始寫下我希望在電視節目中呈現的樣子。我看到自己和賴瑞金在一起，描述著我的感受和經驗，彷彿那已經發生過一般。我把這個寫下來的影像儘可能描述得詳細完整，融入能量和情緒，並且開始感覺事情真的就會那樣發生。

我只花了幾分鐘的時間。當我寫完後，我一讀再讀。我每看一次都會微笑。當我抵達旅館之後，我把稿子放在枕頭旁邊，經常看著它。那張紙成了一個試金石，提醒我自己想要的結果。我一直重讀，感受著它帶給我的喜悅，

然後放鬆。

那天晚上，當我坐在賴瑞金面前，攝影機對著我們兩人，我覺得既平靜又自信。我回答了他的問題，微笑，大笑，甚至還宣布影片《祕密》會拍續集而嚇了賴瑞金一跳。簡單地說，我藉由「納維爾法則」創造出一個新經驗。

你也可以做得到。只要寫下你想要發生的事情經過，而且必須寫得像是已經發生了一樣。假裝你是在一天結束後，當你已經吸引到你的目標後寫的日記。沉浸在那份美好的感覺中。幻想你將感受到的喜悅。這個簡單的練習將會讓事情依照你想的方式走。

假設你想要一棟新房子吧。華勒思・華特斯在《失落的致富經典》書中寫道：「用你的心靈，住在那棟新房子裡，直到它實際出現在你的生活中。用你的心靈立刻享受你所要的一切。」

他又建議：「把你所想要的事物看成它們真的一直在你身邊。假想你真的擁有它們、使用它們。」

華特斯和納維爾都在告訴你，現在就用你的想像力來創造你所想要的未來。但你必須用感覺去做，而非只是在心中幻想。有太多人只會用他們的幻想技巧，卻忘了把他

們的情感力量附加上去。感覺可以加速吸引的過程。這就
是為什麼你通常會吸引來你所愛或所恨的事物。強烈的情
感就是你的動力。

納維爾曾說過：「現在的你扮演一個角色。如果你
不喜歡這個角色，你可以改變它。你可以扮演一個比你在
二十四小時前更富有的人。那只是一個供你扮演的角色，
如果你想要的話。」

要改變你現在所扮演的角色，你必須帶有感情去演。
你要幻想它如何發展，而且用感情去幻想，把它想成彷彿
已經發生過一般。這樣做也可以幫助你知道該採取何種行
動，以開始吸引你理想中的結果。

納維爾在《覺醒的力量》一書中寫道：

你必須假設願望達成的那份感覺，直到你的假設達到
全然真實、栩栩如生。你必須幻想你已經歷過你所想要的
事物。也就是說，你必須假設達成願望的感覺，直到你完
全被它占據，把你意識中所有其他的念頭都趕出去。

　　那就是我要你現在做的事：詳細地寫下一個事件的劇本，讓它感覺非常真實，彷彿已經發生過一般。記住，這個事件可能跟你用「納維爾法則」實現後的狀況不同。你依然在學習如何吸引你所想要的事物。我也是。你現在在做的正是學習如何有知覺地創造事件。

　　在以下的空白處，或是你自己的日記本中，用「納維爾法則」寫下你想要吸引的事物。你必須專注於你想要的結果。你為自己的夢想寫下腳本。你所需的唯一工具就是一枝筆和充滿活力的想像。盡情發揮吧！

_____

_____

_____

_____

_____

清除法則 **8**
❧ **請原諒我** ❧

別問你自己這個世界需要什麼。

要問你自己會讓你活躍起來的是什麼，然後就那樣

去做。因為這個世界需要活躍的人。

——霍華・梭曼（Howard Thurman）

如果你覺得你被困在人生的一角，如果你無法吸引到車子、房子、工作、伴侶或是任何你真正想要的事物，那很可能是因為你缺乏寬恕。

或許你沒有原諒他人。或許你沒有原諒你自己。緊抓著過去的情緒、回憶或事件不放，都會綁住你的能量，阻撓你吸引你想要的事物。

你現在必須做的就是寬恕。

我以前也總是放不開。我很擔心如果我原諒某人，就不會學到他們帶給我的教訓，而我也會再度被騙。但當我看著那個信念，我才發覺，它不過是一個信念罷了。那不

是事實，不是真的。

　　我記得有一回，一個客戶欠我一大筆錢。他不付錢，而且顯然打算賴帳。那時候我的心態是，我是受害者。我以為我的客戶、還有整個世界都要來加害我。我曾讀過很多有關「搶錢大亨」的歷史故事，以及適者生存的理論，因此我覺得，除非我變得貪婪，在生意上拚命，否則註定會失敗。然而，我拒絕變成我不喜歡的那種人。我拒絕變成和他們一樣，所以我活在自己的痛苦和憎恨中。

　　當然，唯一在傷害我的人，只有我自己。那個欠我錢的客戶從來沒有感受到我的痛苦。我不知道他是否有任何感覺。所以我的恨意只有讓一個人心情不好，那就是我。

　　當我開始閱讀勵志書籍，運用本書介紹的那些清除法則時，我開始了解，我可以放開怨恨。我可以原諒我的客戶。我可以原諒我自己。

　　我照做了。然後——你或許已經猜到——我的客戶出現了，付給我他欠我的錢。我並非為了收回錢而寬恕。我只是寬恕、忘記、放開它。

　　我們可以更深入探討一下，好讓你明白寬恕和它的清除力量。

原諒他人在某種程度上是一種自我意識的歷程。當你對某人說「我原諒你」，你的意思是，你對他有某種程度的控制。你是國王或皇后，而當你說「我原諒你」這道聖旨時，你也放他們自由，不再受你的怨恨所困。那並不是寬恕。那或許只是某種形式的操控罷了。

更有效的辦法是對你傷害過的人說「對不起」。如果你沒看過電視影集《樂透趴趴走》，找個時間看看吧。那是講一個小賊有一天突然覺醒，發覺如果他做好事，好事就會降臨在他身上。他列出一張清單，上面有他這輩子傷害過的每一個人。然後他想辦法去彌補他的過錯。

二十年前我也做了相同的事。我列出一張清單，上面是我覺得我曾傷害過的人。然後我去找他們，如果我欠他們錢，我就還錢，如果我借用工具或東西沒還，我就還給他們，並且告訴他們我對自己的行為感到很抱歉。我儘量和我的過去和解。那是一種很棒的感覺。

我也知道有另外一種層次的寬恕，不只是被他人原諒或原諒他人。那種寬恕是你在此刻能使用的最有效的法則：原諒你自己。

　　你用這樣的法則來看待某個錯誤的情況或做錯事的人。問題不是在別人身上。沒錯，他們或許是做了某件你希望他們沒做的事。但那是你對他們的評斷所造成的摩擦。當你拋棄了評斷，你也就釋放了你自己。通常，當你釋放自己之後，對方就會照你一直想要的去做。

　　不過，你的動機必須來自於你對自己的寬恕。

　　在很多方面，這可能被稱為徹底寬恕。那也是就認為沒有什麼壞事發生。你或許曾認為那是壞事，但從神看世界的角度來說，發生的事只不過是發生的事罷了。已經結束了。完結了。過去了。緊抓不放你對那個人或那個事件的評斷只是燃燒你自己的能量—而你大可以用那份能量來吸引你所想要的事物。

　　《徹底寬恕》一書作者科林・帝賓（Colin Tipping）寫道：

　　傳統的寬恕是「既往不咎」。通常那樣是沒問題的。然而，由於我們相信有壞事發生，無論我們多麼努力想要

寬恕，我們依然認為自己是受害者。這兩股互相衝突的能量之爭只能自己慢慢磨滅：一個是對責難的需求，另一個是想寬恕的欲望。

帝賓認為，「徹底寬恕」是指你已經了解了沒有什麼壞事、負面的事或罪惡發生。事實上，已經發生的事不是發生在你身上，而是為了你發生的。它是為了幫助你覺醒和成長。那是要讓你走到今天這一步的必經過程；然後，你可以進一步吸引到奇蹟。

顯然，你必須做的就是寬恕。

但你要怎麼做呢？

光是說「我原諒自己」可能不會造成你想要的那種內心轉變。而你也不需要對任何人說「我原諒你」，因為對方根本就沒有錯。對方只是在進行他自己的事，而你們兩個共同創造出一個故事來幫助你成長。事實上，你或許應該感謝對方才是。

所以，你到底要如何原諒你自己？

你需要做的，就是請求神原諒你所做的錯誤判斷。這可以是一個簡單的程序，只要說「請原諒我」或「對不起」。你不需要大聲說出來。你也不需要去感受。你只需

要直接對神在心中默念這些字句，就會開始釋放困在你內在的能量。

　　這一點也不複雜。你不需要了解它的道理。你在做的是釋放因為你的評斷所造成的心理枷鎖。試試看就知道了。對你心目中的神說「請原諒我」和「對不起」。然後靜下心來，讓那份寂靜將你釋放。

　　你也可以列出一張清單，寫下需要寬恕的人或事。你可以寫在這裡，或是你的日記本中。

_____

_____

_____

_____

_____

　　然後記得原諒你自己！

清除法則 9
⌇ 你的身體會說話 ⌇

為了獲得某樣東西，我們的心必須先愛上那樣東西。

——威廉・華特・愛金森（William Walter Atkinson）

　　當我第二次上賴瑞金現場專訪時，他問我：「《祕密》裡面的技巧可以幫助上癮的人嗎？」

　　「是的，」我告訴他，「已經有成千上萬的人得到它的幫助。」

　　「可是上癮的人呢？」他追問。「上癮的人身體就是上癮了，不是嗎？」

　　我繼續解釋，你的心智代表的不只是你的大腦，而是你整個身體。你的大腦是運作系統或控制中心，但你的心智不只是在那裡而已。你的心智事實上是在你的全身。所以，你的身體裡才會有困住的回憶和甩不開的情緒。釋放你的身體，你就會釋放你的心智。釋放你的心智，你就會釋放你的身體。

　　「改變你的心智，你就可以改變你的身體。」我這麼告訴賴瑞。

　　由於電視節目時間有限，所以我沒有機會深入闡述我的回答。還好有這本書，以及珍妮佛‧麥克琳（Jennifer McLean）這樣的人寫了以下的文章，來幫助你將任何困在身體或心智的問題清除乾淨。珍妮佛曾接受三種心靈療法的訓練：頭薦骨療法、極向整合療法與靈氣調整療法。她運用這些療法已經長達15年。

清除創傷的舊殘骸和殘餘的能量阻礙

珍妮佛‧麥克琳著

　　以下的技巧將會帶領你進入身體的智慧，揭開困在身體能量體系中的思維。這些困住的思維讓我們遠離夢想，而且以痛苦的形式出現（身體、情緒和心靈上的痛苦）。

　　我們的身體經常會在儲存於組織中的思緒及情感被發現、認知和釋放的時候抓住障礙不放。困在體內的能量常是未解決的創傷所造成的後果。創傷可能是由身體、情緒、心理或心靈上的傷害造成，但根據我的經

驗，通常是以上各方面的組合，讓能量被困住。舉例來說，身體的創傷可以是很嚴重的，像是車禍，也可以是很輕微的，像是用腳踢你弟弟的時候傷到你的腳趾頭。最重要的是這個行為背後的念頭，或是當你承受創傷時發生的念頭，而那個念頭被困在身體的哪個部位。當身體能量背後的念頭和情緒被感激地揭露、認知和釋放時，身體的自然療傷智慧就會接手，重新給身體一個平衡的模式、健康和流暢。在流暢的同時，機會的閘門也會跟著打開。

　　我經常在我自己及客戶的過程中體驗到，當我面對身體，「詢問」細胞組織和被困在細胞中的情緒，那些障礙就比較容易處理。當我帶著那些感覺進入身體，對身體提問它們可能存在的部位，我就會看到通往了解與釋放障礙的途徑，以及我所想要的事物的真實感覺（身體和情緒兩方面）。

身體之旅──「治療釋放」的技巧

　　我把這些技巧比作量子物理學和「觀察者效應」。重點是，當你的能量體系表達自我時，好好地體會它。

當你在觀察能量移動以及障礙的形式、釋放的形式，身體也會知道你在注意，因此跟著改變重組，成為一個健康、平衡、全新的體系或模式。那是一段活躍的對話：

　　你：嗨，身體，給我看你想要我看的東西。我保證我會在場專心聽。

　　身體：哦，太好了，你在這裡。我聽說你想要富裕／男女關係／自由／樂趣／快樂（等等），天哪，我可有好東西要給你看看。

　　你即將閱讀到用來描述它的技巧和字眼已經融入了寬恕、愛以及平衡。當你閱讀的時候，這個程序已經開始，而身體也準備好要接受你。

技巧一：透過創傷來治療

　　閱讀這個技巧一次，然後自己試試看。

第一部——找到你的中心　找一個舒適的地方，躺著或坐著都可以，只要背部有支撐即可。深呼吸幾次（最少三次），讓你的身體充氧並且放鬆。每次深呼吸至少都

要維持十秒或更久。呼吸從肚臍下方開始，那是最先起伏的地方（你可以把手放在那裡檢查）；其次是胸膛起伏，最後是肩膀起伏（輕微）。想像最後一次吸氣填滿你肺部的最上方。在那口氣的最頂端，你應該感覺彷彿是在為你的肩膀及脖子進行體內按摩。

現在，從這個放鬆點進入你的身體，找到那個感覺像是你的中心的地方。像一顆珍珠慢慢沉入水底般漂入你的身體。當珍珠停止的時候，那就是你的中心。找到這個中心點最靜止的一點。如果思緒跑進來，把它們像摺衣服般摺起來放在旁邊。

第二部——觀看、注意、感覺、對話　你的中心點一旦清楚了，就走到那個身體感覺疼痛的地方；走到你身體內感覺緊繃或不舒服的地方。疼痛在呼喚你是有原因的，而且那也是你最應該處理的問題。

我所謂的「走到」指的是把你的注意力帶到你身體的那個部位。假裝你的眼睛在你體內，而你可以看到裡面的緊繃和疼痛。這是此技巧最重要的部分：走到那裡去觀察它。它長什麼樣子？有些人會看到一個物體（玻璃杯、圓柱、盒子、房子、玩具等等）；有些人會

看到顏色；有些人會有一種感覺（柔軟、堅硬、黏滑等
等）；有些人則會有情感（生氣、挫折、困惑等等）。

　　將你所有的注意力完全帶進你的體內，仔細觀察並
且開始你的內在對話。仔細對你自己描述在那個地方所
看到和感受到的緊繃或疼痛。注意它是否有改變，並且
觀察那份改變。（別忘了「觀察者效應」：你的身體很
高興在這裡看到你，想要給你看東西。它會用一種你了
解的象徵語言告訴你。）對你的身體提問：

・你（你在觀察的東西）為什麼在這裡？

・這是怎麼回事？

・你有什麼特別的東西要給我看嗎？（注意它是否
　改變，並問它為何改變。）

・有這個（形狀、感覺、聲音、感官）對我有什麼
　好處？

・你是從哪裡來的（來自某個事件、一段不舒服的
　對話、一次身體受傷、某次受虐事件等等）？
　（特別注意：如果是一次創傷事件，不要回憶那
　個事件；只要知道有那件事存在，明白這份緊繃
　和疼痛是來自那個事件即可。）

- 我願意放開它嗎？如果是的話，我要如何解決它
  或放開它呢？（你要找的不是那種多運動或減肥
  之類的答案。答案就在此刻你觀察的物體當中。
  若現在放開這個物體，你的身體內看起來或感覺
  起來如何？）

- 這裡還有什麼東西可以幫助我放開你（你所觀察
  的物體）嗎？（你可以開口尋求指引、協助等等
  來處理你所觀察的物體。）

現在，當你已經和你身體的這一部分對話之後，等
著看它的改變。它會轉換及改變，找到平衡的模式。當
轉換發生時，那種感覺就彷彿大嘆一口氣，你可能會掉
眼淚或大笑。通常都會有熱氣散發出來，有時候感覺可
能像是振動。結腸發出咯咯聲也是能量轉換的表現。這
些都是能量釋放的形式。

當你在觀察的物體轉換釋放時，請注意你身體的
其他部位。在別的地方還有緊繃嗎？那感覺就像在剝洋
蔥。一次釋放打開了另一個部位的機會，而那個部位很
可能和另一個阻礙相關，因此暴露出來。或者，那個部
位可能和身體的某個部位有關聯。請走到那個召喚你的

新地方去，做同樣的練習。

　　我建議用喬和連恩博士的ho'oponopono夏威夷傳統心靈療法結束這個練習。感謝它，因為這個導致障礙的經驗向它道歉，然後愛那個創造這個障礙的人（也就是你），以及那個現在已經可以釋放障礙的你。

範例　為了讓你能夠真正了解並且對這個技巧感到自在，我會帶你體驗一些範例。

　　我左下方的背部很痛。我做了一些深呼吸技巧，發現我的中心靜止點從那裡移動到我背部疼動的地方。我的注意力集中在那個疼痛點，而且看起來很黑暗，令人畏懼。感覺上它很生氣，同時又很冷漠。我可以看到紅色和黑色。當我觀察它的時候，我注意到我的結腸感覺更加沉重，而且正在移動和改變。我問我背部的那個地方：為什麼它在那裡？它要給我看什麼東西？它的回答是露出更多冷漠和一種不理我的感覺。我又問：我在這裡，我在聽，我已經不再不理你了，我可以為你做些什麼？它化成一股悲傷，表露出先前的憤怒和挫折其實只是為了要掩飾悲傷。我問它為何悲傷，為什麼在這裡，而且對我有什麼好處？它告訴我說，我其實比我展現給

外在世界看的還要優秀。它告訴我説，每次我緊握悲傷，而非去感覺它，我的背部就會疼痛和緊繃；那是我真實存在於這個世界的晴雨表。

我另一個客戶的經驗如下。瑪西雅的腳踝在五年前受過傷，而且從未真正痊癒。她將她的注意力和知覺集中在腳踝上。腳踝告訴她先去找膝蓋談。她去找膝蓋，感覺到一股反抗的能量，看起來像一塊方形的硬塊：堅硬、冷酷、金屬一般。瑪西雅問它是什麼，還有它為什麼在那裡。它的顏色開始變淡，而她的腳踝也開始痛了起來。那個盒子轉變成她五歲時的臥房，她哥哥在欺負她，而且嚴重到她很擔心會受傷。

她現在看到的那個盒子代表的是她對她哥哥的那份冷酷無情、如鋼鐵般的感覺。她看到那個五歲的小女孩很用力踢她哥哥，造成她的腳趾、腳踝和膝蓋疼痛。（她已經完全忘了這回事。）她也看到這個挑釁的反抗姿態依然停留在她的組織當中，而那份細胞記憶也阻止她讓許多人和新的機會進入她生命。那個盒子依然在那裡，因此她問它是否有工具能夠幫助她釋放它。它遞給她一把手提鑽，而她用它來敲破那個硬塊。然後它又給了她一臺強而有力的吸塵器，吸走所有剩餘的碎片。最

後她看到一塊空曠的地方，在引導之下用光來填滿它。

那條腿在清除和淨化的過程中釋放了，變得又直又強壯。她的腳踝再也不痛了。她的人生開朗了起來。她開始用較不反抗的態度來看待男女關係，活在當下，並且順其自然。

請每週使用這個技巧。如果覺得不錯，甚至可以每天使用。

技巧二：負面故事過程

每個人都有故事。有時候我們對那些故事念念不忘：有人（你的父母、你的朋友或你的上司）「對你不好」。我們對負面的事件念念不忘，因為它們經常困在我們的身體當中。當老舊的負面思緒和殘骸困在身體內，它們就像我們生命河流中的巨石，會減緩能量的流動。當能量流動受到阻擋，我們就會生病，感覺身體疼痛或心痛、心理疲乏（失憶等等）。

將這些故事排除在外的機會就是要掌握每一刻，看看我們在情緒上感覺到什麼，以及那些感覺在我們的身體上產生什麼反應。我們的身體是我們情緒和習慣性功

能失常無意識狀態的最佳診斷工具。

- 告訴你自己你的負面故事或受害史，但你只有兩分鐘的時間可以說！

- 使用你先前學到的身體內部觀察技巧，那個故事在你體內有什麼感覺？去感覺它。你在身體的哪個部位感覺到這個負面情緒？去感覺它。

- 現在對你自己說：「我不想再有那種感覺了。」

- 接下來問你自己：「我想要感覺什麼？」將那份感覺連接、駐紮在你的心窩肌和心臟部位，幫助你辨識你想要有的感覺。

- 把這份正面的感覺從你的心智（也就是大部分人認為有感覺的地方）轉移到你的身體。你的身體裡有了你所想要的正面能量是什麼感覺？你的身體裡感覺到平和、感覺到喜悅、感覺到自信、感覺到富裕是什麼感覺？你在身體的哪個部位感受到這些燦爛的能量？留在你的身體當中，真正去好好感覺這些新的正面能量。

- 現在，更上一層樓，描述你的生活中有這些感覺後如何。用你在身體裡所發現的駐紮感覺將它駐

　　絮在一個故事中，將你的生活形象化，當你和這些正面能量一致時，它看起來是什麼樣子，以及你的身體在這些新能量中是什麼感覺。

・把那個你想要什麼的故事再次帶回你的身體中去感覺它。

　　這就是付諸行動的吸引力定律。當你在談論著你的老故事，依然覺得在心裡自己是個受害者，你就是在強化那份能量，吸引更多不愉快。請用這個練習來將自己引導入你想要的事物，並且用你的身體當那些感覺的錨，創造出讓好事迎向你的動力。

清除法則 *10*
❧ 重要之至的訊息 ❧

身體是心智的具體表現。

——里斯特・賴文森（Lester Levenson）

　　20年前我學到一個清除法則，到今天我依然在使用。我教過好幾個人，而他們也繼續在使用。我要在本章把它介紹給大家，當你覺得有心理障礙的時候，可以隨時拿出來用。

　　這個法則本身很簡單。根據我的經驗，每當你心有障礙時，你都能感覺得到。那是一種不舒服的感覺。它可能是生氣、挫折、不耐煩、不快樂、沮喪、哀傷、冷漠，或是其他低能量的情緒。就是這種感覺讓你心情低落。但同樣一份感覺也可以幫你打氣，甚至把你帶向更高昂的知覺狀態，帶來更強的力量，吸引你想要的事物。

　　以下就是執行的方法：

1. 你有一種你不太喜歡的感覺。那是某種形式的不快樂。有時候人們會說：「我不是不快樂。我只是很生氣罷了！」不過，生氣也是不快樂的一種形式。無論你怎麼描述，請敞開雙臂迎接它。

2. 接納那份感覺，讓它存在。我們經常想擺脫我們不喜歡的情緒。我們試圖用酒精來淹沒它，或是藉由吃東西來趕走它。我們有各種各樣的逃避手段。有些人會慢跑。有些人會購物。有些人坐在那裡悶悶不樂。有些人會扔東西。在此我建議你什麼也不做，只是接納那份感覺。我知道那很不舒服，但那是通往自由的門路。

3. 描述那份感覺。當你頭痛的時候，不是去拿藥吃，而是接納你的頭痛。將注意力集中在那上面，對你自己描述它。它有多大？它有多寬？它是什麼顏色？它有多深？這些問題的答案沒有對錯。問問題的目的是要你將焦點集中在疼痛或那份感覺上。當你這麼做的時候，不可思議的事就會發生。疼痛或那份感覺會開始消失。

4. 最後，問那份感覺它想要告訴你什麼。我已經在本書的其他部分提過這個訣竅。你的情緒會存在是有

原因的。你必須學習那個教訓。學到教訓之後，你就不再需要那個經驗。比如我，都會靜下來，閉上眼睛，專心想著那份感覺——即使我對它感到畏懼——讓它和我說話。這對你而言可能像一種心理遊戲，但你得到的回答也可能就是痛苦和愉悅、失敗與成功之間的差別。

　　這4個步驟都非常容易。基本上你只需要讓那份受困的感覺停留得夠久，聽到它要告訴你的訊息。當你得知訊息後，障礙就消除了。真的就是這麼簡單。

　　以下是我最近使用這個清除法則的範例。

　　我是美國魔術師協會的終身會員。在某次分會的月會之前，我受邀前去表演魔術。但在親朋好友面前表演魔術是一回事，在專業魔術師面前表演又是另一回事。

　　我所有的恐懼都出現了。我開始畏懼那次會議。我花三天的時間試圖決定要表演哪個魔術項目，那必須是一個足以唬過這些成功魔術師的技巧。我練習的項目都不令我

滿意。我甚至還花錢買了更多魔術特效，雖然我家的房間裡，已經堆滿價值上萬元的魔術道具了。

花了那麼多時間卻一直不快樂，我開始考慮找理由不去參加會議。我根本不想去，我告訴自己。又沒有人付我錢。也沒有人真的期待我的表演。那只不過是一個我可以接受或拒絕的邀請罷了。我開始覺得我應該拒絕，不要去參加那個會議就是了。

但我的原則是：如果我畏懼，我就必須去做。

下了決定之後，我現在必須面對我的感覺。那份感覺越來越沉重黑暗。我開始覺得自己好像生病了。我的左耳開始痛。我覺得自己很沮喪。

這個情況不太妙。

然後我想起這個清除法則，我把它叫做「重要之至的訊息」。你必須聽到你的情緒試圖告訴你的那些重要訊息。我知道如果我可以聽到那個訊息，我就自由了。

畏懼的感覺在那裡。我可以在我的身體裡感覺得到。我並不喜歡那份感覺。我大可以選擇不去理它、壓抑它、埋葬它，或用任何其他的逃避方法。然而，我卻選擇接納它。我讓那份感覺存在。沒有批評。沒有挑戰。也不玩心理遊戲。

　　靜下來幾分鐘之後，只是感受這份畏懼，我突然想起我第一次打電話給一位魔術師的情形。那時我只是孩子，恐怕還不滿十二歲。我拿到一位魔術師的電話號碼，他住在離我家最近的一個大城市，而我打了電話給他。那是我第一次認識一位真正的魔術師，而那是我一直夢想自己能進入的行業。

　　魔術師接了電話，可是他在哭。在接到我電話前的幾分鐘，他剛得知他母親過世了。我只是個孩子，根本不懂社交技巧。我對死亡也不了解。我根本不知道該說些什麼。我只記得我說了再見，掛上電話，然後就忘了這個經驗。

　　但我的潛意識卻沒有忘記。和真正魔術的第一次接觸經驗，玷污了我和魔術的關係一輩子——直到那天我允許我的情緒發洩出來。

　　那份畏懼的感覺對我說：「你以為所有的魔術師都會認為你出現得不是時候，而且會說錯話。」

　　我一旦接收了那個重要之至的訊息，那份感覺就離我而去。它憑空消失了。它已經不存在了。彷彿是我需要用成人的眼光去看那個童年的經驗，了解當時發生的那件事並不代表每次都會是那樣。我一旦放手之後，我就自由

了。

　　後來，我出席了那個魔術師會議。我輕鬆地談論了魔術和行銷。我也表演了一項讀心術。整場會議擠滿了人，我的同儕都很喜歡我的演出，鼓掌了好幾次，聽我說的笑話大笑，之後還上前來恭喜我。

　　那就是真正的魔術。而它來自於聆聽我的情緒。

　　在下方的空白處，或你自己的日記本中，寫下你現有的某種情緒，或是你最近有過的情緒，然後進行這四個步驟。

1.那份感覺是什麼？

_____

_____

_____

2.你可以接納那份感覺幾分鐘嗎？

_____

_____

3.你要怎麼描述那份感覺?(它有多大?它在哪裡?
　它是什麼顏色?它有多深?)

_____

_____

_____

4.那份感覺要告訴你什麼訊息?(你自己編也可以。
　你假設的回答可能比你想像中來得意義重大。)

_____

_____

_____

第三課　奇蹟

真的，要駱駝穿過針孔比要科學家穿門更簡單。

——亞瑟・艾汀頓爵士
（Sir Arthur Eddington），物理學家

❧「奇蹟訓練營」問與答❧

「奇蹟訓練營」電訪摘要

李：我是李・法倫德（Lee Follender），喬・維托博士「奇蹟訓練營」的講師之一。我今天晚上非常高興來到現場。這次我們要來做個小小的改變，跟以往的方式不一樣。我想先跟各位說明一下相關的背景。

我們在研習會上注意到一件事情，至少我有注意到，觀眾問的問題我都很容易聽得懂，例如，我自己之前可能問過類似的問題，或者那個問題使我想起過去的經歷。這樣的共鳴很特別，是「臺上講臺下聽」有時做不到的。如果雙方展開對話，我相信應該能夠帶來更深刻的體認。所以我在這裡邀請大家拿出這樣的熱情，參與我們今天晚上的訪談。

在我輔導學員及參加講師活動時，各位可以想像得到，有時可能會碰到棘手的問題，因此我們決定把大家的問題彙整起來，請喬一起問答。今天晚上我們希

望能夠提出一些發人深省的見解，協助各位進一步開創人生奇蹟。無論你是新學員或舊學員，我想我們準備的問題足夠廣泛，應該對你有幫助。

所以你是剛上路的新手也好、已經啟程多時的老手也好，都請你放輕鬆享受我們今晚的聚會。現在我就請喬・維托加入我們。

你在吧，喬？

喬：是的，我還沒走。

李：好極了。我想開始請教你第一個問題：一天才過了一半，有個信念冒出來干擾，你發現自己感到綁手綁腳，心情惡劣。此時你怎麼辦？

喬：這個問題問得很好，因為我今天才剛好碰到這樣的困境，我現在就可以回憶我是怎麼處理的。首先，我承認有干擾人的信念出現。

我發現如果我反抗，結果只會使它更強大。反抗它只是繼續提醒我自己它在那裡，它會像討厭的蒼蠅一樣揮之不去。

於是我說：「好吧，這裡有個負面的念頭。」我去感覺它。感覺很重要，因為如果你不去感覺，等於是將情緒埋起來。這是駝鳥心態。而我的經驗是，今天你

選擇眼不見為淨，明天它就又爆發出來了。相信我，你不會希望它以這種具有殺傷力的方式出現。你可能會一時情緒失控，例如發飆或痛哭，而且時機可能不恰當。這都是因為你最初沒有好好正視你的感覺。

所以當我有情緒湧上來時，我會去面對，暫時給它一個空間。我承認我真的很不喜歡這種感覺。當我感到有點氣憤或難過時，我希望那負面的情緒會自動離開。我會去感覺，然後說：「喔，它在那裡。」

接著我會對它敞開心胸。頂多只是一下子的工夫而已，你不要去反抗，它一下子就消散了。蒸發了。不見了。

再來我會對正面的想法伸出雙臂。沒有人知道負面的想法是從哪裡冒出來的，反正它就悄悄侵入你的知覺。有可能是因為我看到什麼或聽到什麼，新聞或郵件之類的。誰知道呢？不過無論它是什麼都沒關係。我只要去接觸一個比較好的想法就行了。其實這就像我的座右銘：去接觸一個感覺好的想法。

當煩人的念頭來襲時，我們應該這麼做：承認它的存在，感覺它的存在，把它表達出來，釋放它。去找別的念頭。去找相反的念頭。

我在《相信就可以做到》一書裡談到，第一個步驟是知道你不想要什麼。剛才來襲的那個念頭就有可能是你不想要的。

第二個步驟是選擇你想要的。有一個好辦法就是直接逆轉你不喜歡的念頭。我舉一個常見的念頭：＿＿＿永遠都不夠，空格隨便你填。錢永遠都不夠、吃的永遠都不夠、愛永遠都不夠……等等。「永遠都不夠」是一個常見的念頭，相反的念頭則可能是＿＿＿綽綽有餘，例如大家可以用的錢綽綽有餘、我可以拿來付帳的錢綽綽有餘……等等。重點是你必須擁抱好的念頭，主動出擊，取得掌控權。

所以了，這就是我會做的。

李：說得好。於是你在當下有事可做，不會任憑負面的想法宰割。

喬：你過去曾經是受害者，但從此刻開始，你不能再當受害者了。用我剛才告訴你的方式去逆轉。現在你覺醒了，你是有選擇的，而這正是我們「奇蹟訓練營」的迷人之處。你可以主動選擇，權力回到你手上了，這真是令人振奮的好消息。

李：的確很棒。好的，第二個問題，那嬰兒呢？他們擁有

　　的東西也是自己吸引到的嗎？你知道，像急性腹痛、
　　脹氣、先天性的疾病等等。

喬：對，大家常問到這個問題。很有意思。大家都在看
　　《祕密》這部影片，在座如果有人還沒看，請你一定
　　要找來看。歐普拉談過《祕密》，賴瑞金也談過。
　　《時代》雜誌專幅報導過，《新聞週刊》也才刊登
　　過。這影片的重點正是吸引力法則。有人抱持懷疑，
　　有人感到好奇，現在他們都在提問，想要弄清當中的
　　道理。

李：我了解。

喬：他們的問題就包括：「嬰兒會自己吸引東西嗎？」你
　　知道，他們出生時都是純潔無瑕的，但為什麼有嬰兒
　　出生後六週就中風呢？是他們自己吸引到的嗎？我的
　　立場是「對」，但跟我們一樣，那都是在無意識的情
　　況之下發生的。

　　當我們出車禍或發生其他意外時，我們搖頭大嘆不
　　妙。錯覺會使我們怪罪別人，但事實上，我們是在無
　　意識的情況之下把壞事拉過來的。這就是我最近探討
　　的主題之一：包括我在內，我們都在覺醒中，不會再
　　「不知情」了。

我認為嬰兒在出生時，多少應該有些東西已經決定
了。我們不妨想想看雙胞胎，他們由同樣的父母撫養
長大，受同樣的教育，參加同樣的宗教或社交活動，
但他們的個性卻有可能截然不同，而那裡面好像有一
些是先天的。

因此我對此的感覺是，有些東西是天生註定的，個
性、基因、實質上的經驗等等。從哪裡開始的呢？我
不知道。我想我們都可以在某個時間點問問上帝、佛
祖或別的神明，因為我不知道。但我的立場是，對，
我們都具有吸引力，包括嬰兒在內，只是我們並不知
情。

李：我懂了。好的，如果有人是第一次聽到這種討論（現
　　場應該有新學員，我記得我們有跟一個今天才開始的
　　新學員打招呼）──

喬：是的。

李：──那要如何開始呢？

喬：這個嘛，我最喜歡從動腦筋開始，想想看你希望擁有
　　怎麼樣的人生。我愛極了這個問題。其實這是一系列
　　的問題，例如：你能夠承受多大的福分？你希望你的
　　人生有何具體的改變？

我在問這些問題時，希望對方想可能性。我不希望他們去想難題所在。

我會帶大家從「想要什麼」開始，先把重點放在這上面。

另外，《相信就可以做到》和《祕密》都是一樣的邏輯。我也看到歐普拉不斷提到「意欲主宰世界」。

因此我鼓勵大家先講出意欲。我在這裡解釋一下，「意欲」是指清楚說出你想要什麼結果。可能是你想要的身材，多高多重；可能是你想要的車子，什麼廠牌、什麼顏色；可能是你想要的職務，負責做什麼、加薪多少。我在這裡只是給大概的方向，而你應該要有明確的說法。

說出意欲——表明你想要什麼，動腦筋想人生的可能性——就是展開旅程，邁向你想要的東西。我發現這正是人生的奇妙之處：一旦你表明意欲，你的身心就會開始做調整，帶你朝那個方向前進。

我最喜歡舉的例子是買新車。假設你是買福斯，在那之前，你已經開始不時注意到福斯的車子。而等你買了之後，福斯汽車更是無所不在，讓你覺得福斯大舉入侵美國。因為你在注意它，所以你變得很警覺。

當你注意你的意欲時，你的身心便開始往那個方向移動。這是基本的心理學法則。你注意哪樣東西，就會得到更多那樣的東西。

若以形而上學而論，宇宙本身，也就是所有的能量，似乎會自我調整，把你想要的東西送來給你，幫你打造有利的條件，早日心想事成。

所以我說，要從你的意欲開始行動。你想要什麼？你想要怎麼樣的人生？你能夠承受多大的福分？什麼是你真正想要改變的？我再強調一次，你必須想可能性，而不是去想難題。你專注於你想要的結果、你希望它如何呈現。這是最精采的部分，是一切的起頭。

李：好極了。這正好帶到我們的下一個問題。有人問到：為什麼要這麼久呢？你知道，負面的東西有時候好像比正面的東西更容易吸引到。聽起來好像有兩個問題，但其實這兩者在本質上是一樣的。

喬：是啊。問得好。這兩個問題都很好。你待會可能得提醒我第二個問題，現在我先回答第一個。

李：為什麼要這麼久的時間？

喬：好。我上週日參加「世界安康大會」，我是週日早上的主講人，參加的來賓很踴躍，座無虛席，事實上還

有人席地而坐，而門外有一百多人進不來。

李：當時我也在場，現場的氣氛真的很好。

喬：你也在啊？謝謝你。我不知道你在場。我後來有看到你，可是我不知道你有進去。

李：我真的有進去聽。

喬：好。其實我要傳達的訊息很簡單，其中包括三個步驟，我想要藉這個機會重複一遍，因為真的很重要，而且關係到你問的問題。

宇宙，你也可以稱它為天地、上帝、神明、生命力、生命能量等等，反正你知道我是指那股比我們強大、睿智的力量，而我暫時用神來稱呼。神隨時都在發送、接收訊息和能量。我們首先要記住這點。它一直在發送和接收。

第二，它所發送及接收的內容會被你的信念系統過濾。這點非常重要。進來的那股能量是純正的，它找上你，而你對可能性抱持著某種信念。你對現實的本質也抱持著某種信念。你對自己的價值也抱持著某種信念。那股能量一層一層穿過你的這些信念，進行過濾。

接下來第三個步驟就是你得到你的結果。而即使當你

在看你的結果時，你都還在繼續用你的信念過濾，去詮釋、去解讀。

所以如果你覺得進展比你想像中慢，十之八九跟你的信念有關。

我的心態是凡事皆有可能。我不知道，或許我們還有事情沒做到，但我的想法是沒有什麼是不可能的。我們可能還不知道要怎麼做，但我們可以找到辦法去做，甚至可以發明新的辦法。

所以如果進展不如預期，很可能是你的信念在從中作梗，例如「我不太相信這個可能性」，或者「我不夠資格得到這個」，或者「哇，如果這個成真，我得繳好多稅」等等。

我現在是打比方，但我希望在座的各位都要想想看，因為如果你已經表明你想要的結果，卻感到挫折，那麼應該是你的信念出了問題，以至於你想要的結果遲遲未出現。此時我會建議你推敲看看這個問題：「如果我真的有信念拖累顯化的過程，那有可能是什麼？」我相信你會有答案浮現，甚至你會覺得不可思議。

我在週日演講時告訴與會人士，我在慢慢增加我的收

入，然後遇到了瓶頸，好像無法再衝高，我一整年的收入都是持平。於是我心想：「為什麼？我的意欲如此清楚，我相信神有聽到，也有在想辦法幫我。我自己是盡力了，但就是踢到鐵板。為什麼進展變慢了呢？為什麼我沒有賺更多錢？」我開始檢視我的信念，結果發現其中一個信念是，我不想比我的父母賺得多，我覺得心不安。我記得，你大概也記得，全場的人都開始竊竊私語，好像他們可以感同身受。

李：對。

喬：我必須檢視這個信念。我那天也談了一下，你知道的，我說天下父母心，我們的父母可能不知道要如何表達，但他們一定是盡量為我們好。於是我豁然開朗，噢，如果我賺的錢比我的父親多，他會以我為傲。而且有了這些錢，我可以幫他、幫我們家、甚至幫外人。就這樣，我移除了障礙。這點很重要：我唯一的障礙是我的信念。

李：那些信念是不是可能跟你想要完成的目標無關，你覺得呢，喬？

喬：沒錯。

李：對吧？它們看起來似乎一點關聯也沒有。

喬：你心裡顯然有一個例子。你有什麼好例子可以和我們
　　分享呢？

李：舉例來說，我想要事業成功，而且繼續成長茁壯。

喬：嗯嗯。

李：假設那並沒有發生，而我的局限信念可能是，我是不
　　受歡迎的人。

喬：噢，是的，那絕對有可能。

李：對吧？

喬：沒錯。

李：而且那和我的事業一點直接關係都沒有。

喬：噢，絕對是那樣。

李：我可以是賣房地產的，也可以是賣保險的。

喬：對。

李：但如果我有一個信念，認為我是不受歡迎的人，那麼
　　顯然我的顧客就不會來找我。

喬：對，而且你可能完全不知道那個信念存在，直到你開
　　始來參加這樣的研習會，或是「奇蹟訓練營」，讓你
　　的講師幫你看清事實。
　　我要每個人知道，這也會發生在我身上。你們可能會
　　看到我，然後說，噢，這些喬全都經歷過了，他寫了

那麼多本書，還有那些事業，是多麼成功。但我還是會有局限的信念出現。我在往前走的路上，還是會遇到障礙，我也依然會需要講師的幫忙，因為我知道我置身於一個受信念主導的宇宙，而大部分的信念都是無意識的。

你可以自己質疑那些信念。我在上個星期天也談過。我會在這次的電訪中告訴你們一些方法。但我經常會去找講師，一個客觀的人，一個和我不是活在同一個信念體系下的人，如此一來我就會注意到那些信念。通常，當我注意到它們之後，就足以讓它們消失。

李：事實上，那也帶出了我們下一個問題，也就是我先前問過的，為什麼吸引負面的事物有時候似乎比吸引正面的事物來得容易？

喬：嗯。

李：你知道的，我們在專注的事物是什麼？對不對？

喬：對，就是那樣。一般來說，把一切吸引入你生命的就是情緒。大部分的人都有強烈的恨意、憤怒或挫折感。人們會吸引來更多類似的情緒，因為那些正是他們專注的。如果你可以營造出同樣程度的情感，是對你真正想要的事物的愛或熱情，你就會把它吸引過

來。

我有一個喜歡的例子，你們聽了可能會笑，因為我星期天一整天談的是我的車子，但我也是因此變成一個汽車迷，而現在我很愛那些車。說起來很諷刺，因為我是在家工作的人，不常去很多不同的地方。當我出遠門的時候，我都會搭飛機。因此，我有三輛很美的車，卻從來不開它們。我覺得我很愛那些車，它們之所以進入我的生活中，是因為我愛它們。就是那份愛把它們吸引過來的。

很多時候，人們都過於專注他們不喜歡的東西，產生出大量的能量，因此把更多類似的事物吸引過來。

李：為什麼有些事物出現得比其他事物快，雖然我為兩者所做的努力是一樣的？你剛才所說的似乎解釋了一些原因。你可以再深入談談嗎？

喬：是，我想這又回到剛才的前半個問題。感覺上似乎吸引力法則對某個事物的成效比另一個事物來得快，但我認為如果你仔細看，唯一的障礙其實只是某個信念罷了。

當然，我不知道提問的人是誰，所以我也不知道他們的現實本質為何，或是他們的信念系統，但回到我星

期天所說的，還有神明發送、接收資訊的概念，它要我們去做某些事，並且發送資訊給我們。那表示當你表明一個意圖，它會直接進入零狀態，直接傳到神那裡。所以它會把結果帶來給你。這是它運作的模式。唯一會讓它的前進速度減緩，或是完全讓它停下來，甚至阻止它來到你這裡的東西，就是你的信念。所以如果它想要進來，但因為某種原因你有畫地自限或自我挫敗的信念，或是有那種覺得自己配不上的意念，你就會減緩它的發生過程。

李：好。我還有另一個類似的問題，都是和畫地自限的信念有關。有人寫道，似乎每一個局限信念都會引出另一個，那不會停止嗎？

喬：這個嘛……

李：聽起來像是有人想要知道所有局限信念的解答。

喬：是的。我想我可以感同身受，而我想要說，你最終會來到一個完全沒有局限信念的地方。我的經驗是，那些信念實在太多了，所以它們會一直出現，但你不需要讓它們影響到你。你一旦開始練習這個方法足夠多次之後，它們就會自動消失，不會再附著在你身上。它們還是會出現，但你也可以放它們走。那就像在冥

想一樣，信念會浮現出來，就像你的腦海中此刻浮現出意念一樣，而你像看著雲飄過天空般看著它。你不是那個信念。你不是那個意念。你也不是那片雲。你是那個在觀察的人。我不知道這會不會有人懂，因為這一點我自己也還在掙扎，但如果你能明白你是天空，而不是那些雲，你就會每分每秒沉浸在平靜當中。

李：我很喜歡這個說法。太好了。

喬：我要再說一次。就算不為任何人，也是為了我自己。

李：請說。

喬：我要說的是，如果你能夠明白你是天空，而不是雲，你就會每分每秒沉浸在平靜當中。雲就是那些飄過的意念，天空就是在觀察那些雲的你。如果你可以觀察正在發生的每件事，你就會成為那個超然的、心境完全平靜的人，可以顯化你所想要的任何事。

李：我認為那樣很好，因為那帶出了下一個問題，這另一個問題——

喬：好的。

李：——就是：「心無障礙是什麼意思？我又怎麼知道我心無障礙？」所以我們經常跟我們的客戶說——

喬：對。

李：——在研習會的課程中談到心無障礙，而你剛才說的
　　和我產生了共鳴—

喬：是的。

李：——關於那點。因為那就是天空。

喬：正是如此。

李：對。

喬：我說清除障礙就是那個不見的祕密。我上星期天演講
　　的時候也提到。我把它稱為「不見的祕密」。那就是
　　在講如何清除障礙。

　　市面上很多勵志書都沒有提到這個不見的祕密，或者
　　不知道該如何處理這個步驟。我指的心無障礙或清
　　除障礙是，你不相信有任何信念阻擋你達成你想要的
　　任何意圖。而你知道沒有任何信念阻擋著你，因為你
　　輕而易舉地表現出你所想要的，或者，你感到完全平
　　靜，因為你知道它正在為你表現出來。

李：就是這樣。所以有一種——

喬：是的。

李：——平靜的感覺。

喬：對。

李：或是感覺到沒有任何事物阻擋在其中。

喬：沒有任何事物阻擋在其中。如果，舉例來說，你想要
　　專注於健康，或是你想要專注於財富，或是你想要專
　　注於感情，而你也宣告了你的意圖，同時也做了信念
　　方面的功課，但你感覺到一股挫折感，你覺得心有障
　　礙。

李：對。

喬：挫折感是一個訊號，表示你依然還有一兩個信念阻擋
　　在其中。或者，如果你覺得很沒有耐心，或是你覺得
　　有點生氣，或者你覺得這一切可能都有些不太對勁、
　　難過、哀傷、不快樂的情緒，任何這些你知道不是喜
　　悅的情緒。如果你在邁向意圖的同時感覺到任何這些
　　情緒，那就是一個徵兆，表示你還有一兩個信念阻擋
　　在其中。當你心無障礙的時候，你的意圖會很快實
　　現，或是你知道它即將實現，而且你的內心不會有任
　　何不愉快。

李：我在想，你的注意力是不是也放很多在那上面呢？

喬：我認為並沒有。我認為只要你抱持著輕鬆的態度，你
　　可以隨時回到你的心之所欲，然後說，哦，如果能夠
　　擁有這段感情，豈不是很好嗎？或是，如果能夠擁有

這麼多錢該有多好。只要有趣，你都可以再次造訪那
個意圖。但如果你再次造訪只因為你認為你必須那麼
做，或是你想要強化它，那麼你很可能藏了一個信念
在背後說，你的功課還做得不夠，或是你其實並不相
信這個過程有效。那可能是個徵兆，表示那裡有負面
的信念存在。

李：喬，所以你現在說的是，如果我注意到我很樂觀，態
　　度很輕鬆，對某件事感到興奮，那麼我很有可能就是
　　心無障礙──

喬：是的。

李：──那很好啊。

喬：當然。

李：好的。

喬：那些都是關鍵字。我經常用這些字眼，像是「態度輕
　　鬆」或「像小孩子一樣」。你知道，如果你走過一家
　　商店，往裡面看然後說，哇，看看那把吉他，如果能
　　夠彈那把吉他該有多好玩。可是你並不是非要不可，
　　你不是有迫切需求，你沒有不高興，沒有對它上癮，
　　沒有對它迷戀，那只是一種好玩的心情，有沒有那把
　　吉他都不會讓你要死要活。但如果你能夠看著它，然

後說哇，如果能擁有那把吉他該有多酷，那麼你可能就是最適合在接下來的一兩天內擁有它的人。

李：太好了。很好。這裡還有另一個關於心無障礙的問題。有人問道：「當我經常注意到我對某人感到不爽，而我懷疑那是因為局限信念在作祟，卻找不到那個信念。我該如何找出來呢？」

喬：是的。那是個很好的問題。你知道，我在星期六晚上聽了狄帕克‧喬普拉（Deepak Chopra）的演講。他的書很值得看。不過他講話有點難懂。他是印度人，是醫生，來自一個古印度哲學的歷史背景。他說，外在的一切都是虛無的，而我也同意他的說法。你自己以外的一切都是幻影，包括其他人在內。

李：是的。

喬：一切都是一面鏡子。那都是在反映你自己的信念。而且那是很強而有力的。一開始可能很難接受，但是——

李：嗯。

喬：——等到你真正明白，你就知道那是心靈的擴展和生命的轉型。喬普拉說，如果在另一個人身上有一種特質真正讓你很不高興，覺得厭惡，令你生氣，無論是什麼，都很可能是你自己也有而且不喜歡的特質。這

是值得令人深思的。

喬普拉談到有一次一個女人在研習會後找他，而她真的把他惹毛了。這個女人很不禮貌，很沒耐心，很惹人厭。喬普拉對她有一長串的抱怨。後來他想：「等一下。我應該認真想想我自己平常教人的那套。」因此他寫下所有他在對方身上看到的他不喜歡的特質，然後打電話給他的公關說：「我要唸一連串的特質給你聽，而我要你告訴我，我是否有這些特質。」他把每一個特質都列了出來，像是惹人厭、不禮貌、沒耐心等等。他唸完一整張清單，電話另一頭安靜了好長一段時間。他心想，噢，糟了。他想他最好再確認一下。然後他打電話給他太太。他唸了一整張清單給太太聽，然而電話另一頭的寂靜比先前他的公關更久。重點是，他在對方身上看到的不喜歡的特質，就是他自己身上的特質。所以需要排除障礙信念的是你，不是別人。事實上你可以一邊列出那些你不喜歡的特質，同時去謝謝對方，無論是當面感謝或在你心裡感謝，然後在心裡說：「好吧，這對我會有什麼影響？為什麼我對自己這方面的個性還沒有掌握？」

李：那真是太好了，喬，因為那讓我想起了連恩博士和他

的夏威夷傳統心靈療法ho'oponopono。

喬：沒錯。

李：這表示我需要對我生命中所出現的一切負責。顯然，
　　我在自己面前創造了那個人，讓我能夠面對我內在的
　　種種——

喬：是的。

李：——那些讓我不高興的種種。

喬：是的，就是那樣沒錯。在座的新聽眾或是那些不知道
　　連恩博士的夏威夷傳統心靈療法ho'oponopono的人——

李：那也是我的下一個問題。

喬：好的。那背後其實有一大段故事。與其說出整個故
　　事，比較短的版本是，他是一位治療精神罪患的心
　　理醫師。他幫助治癒了一整個病房的病患。過去那
　　些病人不是被手鐐腳銬，就是注射鎮靜劑，因為他
　　們是極度危險群，而他用一種叫做ho'oponopono的夏
　　威夷傳統心靈療法治癒了他們。我學會了這個療法。
　　我也見過連恩博士。我們曾一起參加研習營，並合著
　　一本叫《零限制》的書。如果你想知道內容，你可以
　　上www.ZeroLimits.info的網站，裡面會告訴你整個故
　　事，你也可以了解一下如何運用他的做法。但那都是

一樣的。那就好比外在的一切都是虛無的。

李：是的。

喬：在某個層面上來說，這聽起來很玄虛，但對我而言，這是每天的現實。我必須觀察我生命中的一切——我不在乎好、壞——那都是我內在的反映。而這又回到我星期天的演講。那股能量進入我體內，當它穿越我時，它透過我的信念過濾，然後我往外看，看到了結果。那些結果並不完全是真的，只是我的信念所產生的反映罷了。而我不喜歡那些結果。我必須好好觀察我的信念。當我改變信念，我就會得到不同的結果。

李：哇，太好了。我還有兩個問題。

喬：好。

李：一個是：「我把我想要的一切吸引來——」

喬：很好，很好，很好。

李：你喜歡。

喬：是的。

李：——「而我希望別人也可以做到。」

喬：是的。

李：「我要怎麼樣讓別人也可以做到，尤其是那些抗拒——」

喬：是的。

李：「——我學到的教訓的人？」

喬：好的。這有兩個層次。我很喜歡這個問題。我也喜歡
　　那個人的出發點，因為我一向很喜歡聽到這種對生命
　　和地球的高尚關懷。

李：在你繼續下去之前，我可以先告訴你一件事嗎？

喬：當然。

李：我要你知道，幾乎我所有的學員都有這個疑問。

喬：是嗎？

李：是真的。你的客戶真的都很棒。

喬：那真是太好了。

李：他們全都想知道。

喬：那表示他們的心胸都是敞開的。他們想要改變世界，
　　而不只改變他們自己。

李：是的，沒錯。

喬：首先我們要知道的是，我們不能侵犯他人的自由意
　　願。我們必須讓他人存在於他們想要存在的任何地
　　方。相信我，我也很想改變外面很多人，但我也必須
　　提醒自己第二點，而那點就是，他們是我的反映。

李：是的。

喬：所以這又回到連恩博士的法則。你知道，當連恩博士在幫助那些精神病患的時候，他並不是要去改變他們。他閱讀了他們的檔案，感到一股厭惡，因為其中有些人是謀殺犯或強暴犯，或是曾做出一些很醜惡的事。當他讀著他們的檔案時，他看到自己內心會升起一種感覺，然後他把夏威夷傳統心靈療法ho'oponopono用在自己身上。當他對自己那樣做的時候，那些人就改變了。

這就是重點。世界其實都在你內心。當你治癒了自己，外在的世界就會治癒。你不需要去弄其他人。你不需要去煩他們。你不需要覺得他們在抗拒。那其實是你自己的反映。在某個部分那其實是你自己的抗拒。

既然我已經提到連恩博士好幾次，讓我告訴你他做了什麼。連恩博士基本上觀察了他自己，對那個我所謂的「神」說話。他會感覺自己內心的感覺，然後說「我愛你」、「對不起」、「請原諒我」和「謝謝你」這四句話——把它們想成經文一樣，把它們想成祈禱一樣，隨便你怎麼稱呼都可以——他不停地說「我愛你」、「對不起」、「請原諒我」和「謝謝

你」。

連恩博士並不是對另一個人說這些話。他也不是大聲說出來。大部分的時候，他甚至不會看著對方。他是對著我們置身在其中的那股偉大力量說的。他是對著那股巨大能量說的。他也不是對自己說。他是默念，而且一直重複說「我愛你」、「對不起」、「請原諒我」和「謝謝你」。他這麼做是在試圖消除內心的那些信念。

當他能夠那麼做（這又回到清除障礙，也就是我上星期天演講提到的第二個步驟），當他那麼說的時候，他是在向神明求情說：「我不知道那些信念是從哪裡冒出來的。我為它們向你道歉。我愛你。請原諒我。無論是什麼原因讓它們出現在我的意識中，謝謝你。請原諒我，我愛你，謝謝你。對不起，請原諒我，謝謝你，我愛你。」只要一直反覆說，改變了順序也沒關係，你想怎麼做都可以。如果你重複說「我愛你」，就可以淡化你可能感覺到的負面情緒。

重點是，你不能改變其他人。他們有自由意願。但你可以從你的內心著手，而且你在另一邊看到的東西，包括人在內，其實都是你自身的反映。

李：是的。太好了。太好了。我的最後一個問題是：「我
　　聽過『反意圖』這個說法。」

喬：是的。

李：「那是什麼意思？我要怎麼知道我有呢？」

喬：是的。我很高興有人提這個問題。我在星期天也提過
　　這一點，有時候我也會在我的部落格裡面談到。如果
　　你沒有看過我的部落格，我建議你上去看，因為我幾
　　乎每天都寫，裡面通常會有新的見解、祕訣等等，而
　　且是免費的。你可以上www.mrfire.com，在左邊你就
　　會看到我的部落格連結，上去看看就對了。

　　「反意圖」，我最喜歡的一個解釋方法是，回想一月
　　一號元旦那一天。無疑的，你一定立下了什麼志願。
　　你或許每年都會那麼做。就算你今年沒有，你以前一
　　定有過。新年志願可能是：我要每天都去健身房。我
　　要停止暴飲暴食。我要戒菸。我要，嗯，更常出去約
　　會。我不知道是什麼，但你定下了某種新年志願。你
　　有意圖要做好。我已經談過意圖的力量有多大。你有
　　意圖要好好去上那家健身房。但到了一月二號或一月
　　三號，你連那家健身房在哪兒都忘了。

　　到底發生了什麼事？我說你是出現了「反意圖」。你

隱藏了一個比你的意圖還要強烈的信念。你的意圖
是：我要健身，我要去健身房。但那個意圖被推到一
旁去，因為有一個我稱為「反意圖」的隱藏信念在那
裡說：我不要去健身房，我不要去運動，我不要去健
身，不管是什麼理由。

這些「反意圖」就是你必須要排除的心理障礙。所以
我才認為「奇蹟訓練營」的課程如此有效。那也就是
為什麼所有不同的技巧我都會使用。所以我才認為，
如果我們要在世界上往前走，我們必須知道「反意
圖」是什麼，也就是局限的信念，它們是負面的。

大部分時候，我們都不知道它們是什麼，但如果稍微
去探索一下，加上一點外力幫忙，我們就可以把它們
找出來，然後放它們走。如果我們想要在世界上往前
走，就必須釋放那些東西，因為唯一阻止我們的，就
是我們自己，是我們的信念。我們活在一個由信念主
導的宇宙。改變信念，你就會得到更好的結果。

李：改變信念，你就會得到更好的結果。我很喜歡這句
　　話！

喬：我也一樣！在座的每個人，趕快行動吧！去追尋你的
　　夢想！

心想錢來的五個要領

「奇蹟訓練營」電訪摘要

　　經常有人問我要如何心想錢來。而我都是這樣告訴他們的：

　　錢本身不過是紙張和金屬罷了。我們是在銅板和紙張印製了美麗的圖案，使用了各種不同的印刷墨水。我的意思是，那是一件相當了不起的藝術品。但就它本身而言，錢是沒有價值的。錢什麼都不是。錢只不過是紙罷了。

　　是我們把意義附加在那上面的。人們也就是那樣開始附加了自尊和控制欲等等的問題。我們會把各式各樣的意義附加在錢上面。

　　我的忠告是，把錢想成是玩「大富翁」的錢。它很好玩。它只不過是遊戲的一部分。但它不會決定你的快樂與否，或者你是否有價值。它和那些東西根本沒關係。

　　我個人從來都不會去追求金錢。我也從來不會專注在金錢上。我專注的是熱情、樂趣、分享我的心、做好事。

或許我稍微提醒自己，對於我所提供的服務需要向人收費，因為那是很容易就忘記的，而我知道如果沒有標價的話，人們通常不會珍惜。舉例來說，其實很多行銷都是觀點而已，而很多觀點都被你貼在事物上的價格所影響。但那些都是編造出來的。因為事實是，金錢本身，根本什麼也不是。它是沒有意義的。它只是紙。它的意義都是你附加給它的意義。

所以，你並不想要對金錢產生需求、愛慕或上癮的感覺，因為那樣一來你就會散發出一種需求、愛慕或上癮的感覺，而那會造成不平衡。你會把錢推開。你內心的一部分會說：「我要錢，我要錢，我想用錢來做很多事。」但你內心的另一部分會說：「我不想要錢，因為錢很邪惡，有錢人都做很多壞事，而那表示我也會變得貪婪。」所以一部分的你想要錢的到來，另一部分的你又和它保持距離，最後會發生什麼事呢？負負得正，你什麼也得不到。

這是一個很大的問題，真的需要有人教導。我在這裡的忠告是，把錢看成是玩「大富翁」的錢。那根本不重要。真的沒有什麼。我的意思是，有錢當然可以做很多事；它是交易的工具，但那只是因為我們都同意這樣的意義罷了。它本身是沒有什麼魔力的。你才是那個有魔力的

人。所以注意力應該放在你身上，而不是在錢上面。

如果我還需要對錢這整件事提出什麼忠告，我會說專注在你所愛的事物上，因為世界上每個人都想要的就是愛。人們想要愛人，也想要被愛。如果你可以專注在跟那些最能夠感受到你的心的人分享你的心，你最後就會得到錢。它會像一個副產品、副作用一樣出現。它不會在你的專注之下出現。

我知道一開始，尤其如果你是第一次聽到，你會想：「天哪，喬真是瘋了。他在說些什麼啊？才不是那樣的呢。」而我要在這裡告訴你，真的就是那樣。

給你一個例子。很久以前，我選擇了一個信念。聽我說：我說我選擇了一個信念。我故意選擇這個信念，而它是：我花越多錢，就會得到越多錢。乍聽之下這句話一點都不合理。如果我這樣告訴一位會計師、簿記員或銀行家，他們全都會說：「啊，喬，如果你花錢，你的錢會越變越少。」

但我是在重新詮釋這個觀點。當我一把錢花掉，我就會開始張望，想著：「哇，不知道這筆錢的十倍會從哪裡來。」所以我更容易去買東西和花錢，但因為我期望在花錢的時候，會有更多錢進來，所以錢也會一直進來，而且

是滾滾而來，多到我必須去找慈善事業捐獻。我可以幫助
他人。我曾幫助我的家人，我也曾幫助我的朋友。當然，
我也可以有一些奢侈的享受，例如我已經有車了，卻再去
買昂貴的車，雖然我在家工作，而且幾乎不開車。

　　所以這一切都是有可能的，只要你讓錢保持中立，不
要讓你的自尊和自我價值附著在上面。讓自尊和自我價值
附著在你對自己的滿意度上。

另一段「奇蹟訓練營」電訪摘要

　　下一個問題是：「我的意欲似乎總是和財務有關。那
樣可以嗎？我可以說，我生活中的其他層面都好得不可思
議。但金錢對我來說一直是個問題。」

　　首先，你生活中的其他層面都好得不可思議，這是一
件很棒的事。真的很酷。不是每個人都可以那樣說。我覺
得那真的很好。你應該好好慶祝。真的。慶祝你生活中大
部分的層面都好得不可思議。哇，能夠看到或聽到這樣的
句子，能夠這樣活著，說出這樣的話真好。

　　所以你的意欲是在財務方面。那樣可以嗎？絕對可
以。我不認為那有什麼不對。再次強調，我認為金錢並不

邪惡。錢並不壞。人們可以使用它，就像使用任何工具一樣。我認為金錢本身來說是完全沒有問題的。如果你想要錢，想要錢活下去生存，想要錢因為它可以讓你做很多事，想要錢拿去分給家人和朋友，我都認為是很棒的。

我看待這個宇宙的態度，就是我在影片《祕密》中所說的：宇宙就像一個大目錄，你只需要翻閱它，選出你想要的東西。所以如果你想要的是錢，你當然可以去選它。

再次強調，我的注意力從來不放在錢。我當然喜歡錢。錢進入我的生命中。我想要它。我喜歡它。我分享它。它是一個很棒的工具。擁有錢是很棒的。擁有它真的很不可思議。但它並不占有我的注意力。我不認為那樣行得通，至少對我而言不行。或許對其他企業家而言是行得通的，或是那些把它變成百萬、甚至上億的人。我真的不知道他們的情形是怎麼樣。

我真的相信你必須擁有樂趣。我觀察我的一些偶像，他們賺的錢比我更多，例如億萬富翁理查・布蘭森（Richard Branson）就說，他是在享受樂趣。他對人生中的任何事都說好。他嘗試所有的事情，而且，他玩得可高興了。

譬如，他也在建造火箭，送人類上外太空，好像一

張票要價十萬美元。但他這麼做不是為了賺錢。他這麼做是為了挑戰，而且也因為很好玩。是他的心引導他那麼做的。

　　然後你再看看唐納・川普（Donald Trump）。川普也是億萬富翁。每次我讀到他的新聞，他從來不說他想賺錢。他說：「我愛極了交易成功。」他透過交易成功來表達他的愛。他賺錢是那麼做的結果。當然，有時候他並不會賺錢。他也曾負債，損失了一些房地產，經歷過一段困難時期。然而，他的注意力從來不是在錢上面。他把注意力放在他認為好玩的事，而對他而言那就是交易成功。

　　對理查・布蘭森而言，是做任何對他來講感覺刺激的事，並且接受挑戰。

　　對我來說，則是做任何我熱中的事。

　　你知道，我剛寫了一本有關古老夏威夷心靈療法的書，而我對這本書感到非常著迷。這本書叫做《零限制》。

　　《零限制》對我現在的生活產生了最深刻的影響，比起過去我曾做過的任何事都要深刻，所以我也全心全意投入在那上面。當然，我一直忙於各項其他的產品和案子，還有演講及出差，以及一大堆的事情，但那一直都是我的

注意焦點。

　　當我專注於我所愛和我的熱情，財務問題似乎自然而然就會解決。所以如果你能夠把你對財務的憂慮移除（「奇蹟訓練營」的講師可以幫助你），看看你是在哪一點上想不開，然後用不帶批判的眼光看它，專注於你的生活層面中那些已經好得不可思議的事，你越專注於你的所愛、你的熱情以及你的心，那些像是財務方面的擔憂就會自動消失。他們會溶解，而錢會開始出現。有一天你會環視四周，然後說：「我不知道這些錢都是從哪裡來的，不過，我真的擁有不少錢呢。」

小結

　　金錢本身不過是紙張和金屬；是我們在硬幣和紙張上面印製了美麗圖案。錢的本身是沒有價值的。把意義附加在那上面的是我們。而人也就是那樣開始附加了自尊和控制欲等等的問題。它的意義是你給它的意義。你必須把注意力放在你自己身上，而不是放在錢上面。

　　我的忠告是，開始把錢想成玩「大富翁」的錢。它很好玩。它只不過是遊戲的一部分。但它不會決定你的快

樂與否，或你是否有價值。億萬富翁理查·布蘭森就說，
他都是在享受樂趣。唐納·川普說：「我愛極了交易成
功。」他把注意力放在他認為好玩的事，對他而言那就是
交易成功。

我從來都不會去追求金錢。我也從來不會專注在金錢
上。我專注的是熱情、樂趣、分享我的心、做好事。或許
我稍微提醒自己，對於我所提供的服務需要向人收費，因
為那是很容易就忘記的，而我知道如果沒有標價的話，人
們通常不會珍惜事物。

你並不想要對金錢產生需求、愛慕或上癮的感覺，因
為那樣一來你就會散發出一種需求、愛慕或上癮的感覺，
而那會造成不平衡。你會把錢推開。

我會說專注在你所愛的事物上，因為世界上每個人都
想要的就是愛。人們想要愛人，也想要被愛。如果你可以
專注在跟那些最能夠感受到你的心的人分享你的心，你最
後就會得到錢。它會像一個副產品、副作用一樣出現。它
不會在你的專注之下出現。

所以這一切都是有可能的，只要你讓錢保持中立，不
要讓你的自尊和自我價值附著在上面。讓自尊和自我價值
附著在你對自己的滿意度上。

　　當我專注於我所愛和我的熱情，財務問題似乎自然而然就會解決。

　　所以如果你能夠把你對財務的憂慮移除（「奇蹟訓練營」講師可以幫助你），看看你是在哪一點上想不開，然後用不帶批判的眼光看它，專注於你的生活層面中那些已經好得不可思議的事，你越專注於你的所愛、你的熱情以及你的心，那些像是財務方面的擔憂就會自動消失。他們會溶解，而錢會開始出現。有一天你會環視四周，然後說：「我不知道這些錢都是從哪裡來的，不過，我真的擁有不少錢呢。」

∾ 「奇蹟訓練營」是什麼？ ∾

如果你真的相信你的「自我存在」（I Amness），
你就必須膽敢假設，現在的你是那個你想要的你，
藉此來試探自己。

——納維爾‧高達德

　　大約十五年前我許下一個承諾：每當我覺得心有障礙時，我都會立刻去處理它。我會使用本書中的清除障礙法則。通常那樣做就夠了。但我承認有時候會覺得好像陷在心靈的流沙裡，無法自拔。那種時候，我就會打電話求助。

　　這些年來，我和一群人發展出一種合夥關係，而我稱他們為「奇蹟講師」。因為我知道這個方法對我有效，所以我設計一套課程，讓其他人也可以受惠於「奇蹟講師」。

　　事實是，我體驗過清除障礙的好處。過去每當我想到我夢想中的生活——一個天天有奇蹟出現的生活——我

都會阻止自己。我在騙誰啊？那怎麼有可能？我是個流浪漢！

現在我知道了——而你也知道——奇蹟確實可以而且會發生的。我知道清除障礙就是實現奇蹟的關鍵。這對你們有些人而言是個挑戰。事實上，是三個挑戰：知道清除障礙的方法；清除障礙；保持心無障礙。

本書就是在談這個。在書中我已經和各位分享我所知道能夠清除障礙並且保持心無障礙的方法。

但還有一點是我知道很有幫助的：就像生命中的許多其他事物一樣，如果有人幫忙，要清除障礙並且保持心無障礙就會比較容易。

能夠幫助你的就是「奇蹟訓練營」，而關鍵就是在清除障礙的過程中有一位夥伴在旁協助。

很多人都來問我關於清除障礙和保持心無障礙的問題，以及我如何成功地每日執行。我必須說，對我而言，「奇蹟講師」的幫忙真的是關鍵。

那是因為清除障礙或保持心無障礙最主要的好處，

就是讓你能活在當下，而且沒有任何牽絆。不過我發現，無論我怎麼做，很多時候舊的回憶或過去的信念會一直出現。

有時候，我甚至不知道是哪些事物在牽絆我。我只覺得似乎一直無法得到我想要的東西。我滿腦子想的都是要如何擺脫不想要的，或是我應該或不應該做的事。你也有過這種經驗吧？

有了「奇蹟講師」，我發現要排除那些阻撓我的過去回憶和局限信念就容易多了。那也就是為什麼我創立「奇蹟訓練營」課程的原因。

「奇蹟訓練營」是一種獨特的方法，一個能夠排除那些信念的過程。有人會幫助你看清那些信念，而那正是關鍵所在。一個外來的心靈可以看出一個對你而言隱形的東西。

「奇蹟訓練營」的課程都在做些什麼？

人們常對我說：「喬，我知道奇蹟訓練營的課程很有效，但這個課程都在做些什麼呢？它為什麼會這麼有效？」奇蹟訓練營有四個層面帶來了它的有效性。

1. 課程的設計和架構。

2. 奇蹟訓練的方法論。

3. 訓練的專業程度。

4. 課程個人化。

　　讓我們來分別探討每一個層面，它們都是相輔相成的，幫助你去成就比你獨自一個人能夠成就的更多事物。

課程的設計和架構

　　我們為課程所訂立的架構，為奇蹟建立了穩固的基礎：

　　時間：為期三到六個月，每週上課。這個時間架構能夠讓那些根深蒂固、畫地自限的信念浮現出來，進而排除它們，而你也可以更深入了解吸引力定律。此外，在課堂間你可以用電郵和及時訓練跟講師聯繫。

　　實地考察：課堂與課堂之間的練習和研究教材是「奇蹟訓練營」課程成功的一大關鍵，因為奇蹟就是在那裡出現的——在你的日常生活中。藉由那些練習，客戶可以真正全心全意從事那些探索性的對話，改變舊的思考方式，對未來可能性產生新的認知。人們經常稱讚這種實地考

察：「光是這一點就值得整套課程的花費。」這就是它多麼有效的證明！

　　回應：當你在練習「奇蹟訓練營」的課程中所教導的內容，能夠得到回應是很重要的。有時候，你只需要知道自己走得對，就可以排除疑慮採取行動。

　　承諾和責任：當我設計這個課程時，我發現創造奇蹟的這一部分過程對你的成就責任重大！

　　「奇蹟訓練營」課程讓你對自己的成就負責。從一開始，在你和你的特約講師訂下基礎約定時，以及在課程中所許下的承諾，你的講師都要你負責（當然是很溫柔的）。

　　另一個要件是，「奇蹟訓練營」對你的成功是不遺餘力的。那也就是為什麼他們會想要和你談論那些在其他情況下可能難以面對的問題。這種程度的投注——那份小心不越界的意願——就是「奇蹟講師」能給你的最棒禮物。

　　當有人願意去面對不愉快的問題，和我談論那些可能難以處理的議題時，我就知道我找到了一位真正的夥伴。

　　課程設計：這個課程的優點是，每一堂課都是根據前一堂課引申而來，所以你不只是單純在吸收知識。當你排除那些畫地自限的信念，你可以得到隨之而來的實際、實

用的體驗。我注意到每當那發生的時候,我甚至連人都感覺輕盈了!就是那份輕盈和心無障礙,讓你真正可以在生活中創造奇蹟。

　　課程設計的深度與廣度非常不可思議,使得初學者和已經研究吸引力法則好一陣子的人都可以成長,並且專精於清除障礙的功夫。

一套確實的方法

　　當我創立這個課程時,我汲取了幾個不同來源的精華:《相信就可以做到》、《祕密》、《零限制》和許多我甚至還沒有發表的心想事成的祕密。我相信是這些各式各樣的法則,讓這個課程如此驚人的有效。經過我們客戶的嘗試、測試及最後的驗證,奇蹟訓練方法確實做到了創造奇蹟的承諾。

講師的專業學養

　　「奇蹟訓練營」的講師是來自各個訓練和靈學背景的資深講師。他們都受過我的訓練,並且經過我的認證。學員之所以能夠進步神速,都歸功於他們的專業學養。

課程個人化

你記得那個叫做《這是你的人生？》的電視節目嗎？人們上節目去談論某個人，談論那個人為他們做了什麼，以及那個人為什麼值得獎勵。套用在我們的方法上：這就是你的生活，這些是你的奇蹟，而你值得那些奇蹟所帶來的獎勵！

你的「奇蹟講師」會在那裡支援你，擁有那充滿奇蹟的生活。他或她會考量你發展的進度，你想要成就什麼，你還受過什麼訓練，你個人的學習方式，以及其他因素，確保這真的是屬於你的課程。

舉例來說，資訊會根據你的需求，以不同順序或不同深度的形式出現。你的講師可能會著重你課程中的某些原則或特性，而那可能是另一位客戶還沒有準備好要接受，或是不感興趣的。

所有這些因素——架構、方法論、專業學養、個人化，加上「奇蹟講師」的不遺餘力——都有助於這個課程產生結果。

誰是「奇蹟講師」？

當我問這個問題的時候，我認為你必須知道這一點。當我和一位講師合作時，對我而言，他或她必須很聰明，有同情心，十分關懷他人，而且在很多方面都有經驗。所以經過我認證的「奇蹟講師」都來自許多不同的修養訓練，而且透過很多不同的管道成為講師。他們是作家、藝術家和企業專家；他們是管理、行銷和訓練的大師。而他們全都致力把他們畢生所學貢獻給他人。

長久以來，我發現「奇蹟訓練營」的講師專精於奇蹟生活的功夫，加上學員想要產生結果的心，提供了一個環境，創造出一條清楚的道路和等待美妙奇蹟發生的可能性。

如果你想要創造奇蹟，想要一個夥伴幫助你釐清過去，創造一個充滿奇蹟的未來，你就該試試「奇蹟訓練營」。

想知道更多詳情，請參閱www.miraclescoaching.com。

特別專題：情緒自由101

∽ 放開不想要的意念或感覺 ∽

彼得・米歇爾（Peter Michel）　著
www.emotionalfreedom101.com

感覺是什麼？

　　感覺是由心靈所設定的有利生存的程式（像電腦程式一樣）。然而，它們其實全是不利於生存的，因為它們是根據過去而設定的程式，讓我們一直根據過去的情況來表現或反應，而不是根據當下的狀況來回應。他們損害了我們的責任感——我們回應和區別的能力。當我們的感覺強烈時，那就像坐在鐵軌上，一輛火車駛來，但我們卻沒有看見。我們的感覺會完全掌控我們。常常我們是被感覺牽著走，而非牽著感覺走。所有這些程式都是從一個地方衍生出來的，那就是「欲望」，一種「缺乏」的感覺。

感覺在哪裡？

感覺是由心靈產生的，它們出現在我們的身體中，以能量知覺的形式出現。身體是我們的心靈和習慣性思考的延伸（或濃縮）。除非一個意念先被心靈掌握，否則在身體上是不會出現任何反應的。那就像我們在夜晚夢中所創造的身體一樣。在夜晚的夢中，那顯得如此真實，然而當我們醒來後，我們發現在夢中出現的身體，其實只是出現在我們的心靈而已。在這個白日夢中也一樣，對許多人而言，通常也因為處理不當的情緒，而使得它變成了「惡夢」。

身體就像心靈的電腦列印圖。因此，我們可以藉由身體的感覺來辨識心靈狀態。它是緊繃的，還是放鬆的？它感覺好還是壞？身體是否有恐懼，腹部或胸口覺得緊繃，還是有信心支援，因而感覺放鬆？我們的呼吸是急促、緊張、短淺的，或者是長而緩慢、深而放鬆的？

它們是誰的感覺？

你的感覺來自於你的父母嗎？你的鄰居？你的孩子或

配偶？你在身體裡體驗的那些感覺來自於誰？

毫無疑問，它們是你的感覺。這是一件好事。這表示如果你不喜歡它們，你可以想辦法解決。

為何釋放這些感覺？

你應該會想要快樂。你想要有自由的感覺。你想要過得充足，並且心情平靜。

放開內心累積的負面情緒能夠讓心靈平靜下來，消除自我挫敗的程式，讓我們輕而易舉地把富裕吸引過來，並且帶來一份永遠不離開我們的快樂。

在任何時候，我們若不是在壓抑和累積我們缺乏、受限的感覺，就是在將它們從身心體系中釋放排出，讓身心能夠完美無瑕地運作。這個選擇權隨時都在我們手中。

幾乎所有的疾病都和壓力有關。所有的缺乏都是由身心的缺乏、受限的感覺所引起。消極的男女關係是因為負面、不被愛的感覺受到壓抑，然後向我們的朋友、家人和伴侶發洩。

所以，你會怎麼做呢？累積在心裡面，感受更多缺乏、病痛和不和諧嗎？還是釋放它們，感受更多富足、健

康和愛？

我何時可以釋放不想要的感覺？

我們只有在一個時候能夠處理我們的感覺，那就是：現在。

雖然我們的心靈可能會在時間裡來回游移，但我們只能在當下感受到並處理我們的感覺。當我們活在當下，我們可以把感覺當「能量」來處理。

我們可能會在心裡想：「我等一下再來處理這些感覺。」然而，有多少次那個「等一下」卻從未出現？為何不現在就放開你的感覺，在這個你感覺到它的一刻，而不是帶著它到處跑？

正面的感覺呢？我為什麼要把那種感覺也放開？

沒有所謂正面或負面的感覺。只有一種感覺，那就是情緒能量（emotional energy），也就是在動的能量（e-motion = energy in motion），而那份能量被你貼上了正面或負面的標籤。

不過，為了討論下去，就先假設有正面和負面的感覺吧。

當你釋放任何負面的感覺，當那些感覺離開的時候，你會覺得更加自由、輕盈與快樂。

當你釋放任何正面的感覺，當那些感覺增加的時候，你會覺得更加自由、輕盈與快樂。

所以，當你對正面和負面的感覺從事情緒釋放的時候……

負面的感覺減少。

正面的感覺增加。

很不錯吧？

事實是，你只是在移除那些掩飾你真實自我的東西，而那就是快樂本身。

感覺遮掩了我們的真正本質，讓它變得模糊不清。感覺經常讓我們看不見那一向完美、完整、完好的自己。

意念和感覺一直在改變。它們存在於現象的領域中。它們來來去去，就像天氣變化一樣。釋放它們讓你超越那受限的現象，進入自在的領域，也就是存在的基礎狀態，有時那也被稱作目擊意識。這是當我們對別人談論起自己說「我是……」時所指的那個單純的「我」。

　　你是否曾想過，這個單純的「我」是誰，當它沒有被貼上任何標籤或跟其他事物有關聯的時候？這是一個純潔的核心，從來沒有被觸碰過、改變過、干擾過、更動過，總是快樂、平和、自由的。這就是我們存在的自我。

　　里斯特・賴文森（Lester Levenson）曾經說過：「聯繫自我（上帝）最容易的方法，就是透過『我』或『我是』的核心的感覺，不添加任何其他事物。這份感覺是自我，是真正的內心自我。我們一旦添加了其他事物，像是『我很好或很壞』、『我很窮或很有錢』、『我很偉大或很渺小』或『我是那樣的』，我們就對於『我是』套上了限制的枷鎖，製造出自我意識。」

　　所有正面的感覺事實上就是我們自己的存在，當我們放開那個掩飾它的感覺時，都可以嘗到那個滋味。當我們放下情緒，我們的心靈會靜下來，而這個與生俱來的自我意識（快樂）對我們也變得明顯起來。然而，我們經常將這份快樂歸功於其他我們認為「讓我們快樂」的人、事、物。事實是，某個欲望被滿足了，於是心靈變得平靜下來，而我們品嘗到自我的「甜美」。然後我們以為是那個事物或人或成就帶給我們那份感覺。「我好愛他（或她），我覺得好快樂。」「我有這輛新車（或新工作、獎

賞、名聲等等），我覺得好快樂。」但從來不是這樣的。

　　我很快再講一個故事。有一條狗找到一根骨頭，牠想：「這根骨頭看起來真好吃！」牠一口咬下去，骨頭碎成了像刀片般銳利的碎片。原來那是一根乾骨頭！那些碎片刺破了牠的五臟內腑，讓牠流血。牠的嘴巴也流著血，牠嘗到自己的血，卻把那歸功於骨頭，一邊想：「哇，這根骨頭真是多汁。可是好痛哦！」然後牠又繼續用力咬下去，嘗到更多自己的血，感覺更多疼痛，卻又繼續把那美味歸功於骨頭。這個故事聽起來是不是很熟悉？

　　我們其實真正在追求的，是我們自己的「血」，我們那以受限的意念、感覺和形式出現，無法辨識的單純、無聲的意識（自覺）。當我們置身於存在的無聲空間，是沒有感覺的。感覺唯有在我們回到心靈上，想著「哇，（沒有那些痛苦意念的）感覺真好！」時，才會升起。心靈永遠無法理解我們真實自我的平靜。它的工作是辨識出某種狀態（我很快樂、我很悲傷等等）。它會貼標籤，並且做出批判。我們一開始貼標籤和批判，就不再處於當下體驗了。我們只是開始思考那個體驗。這就像看著一張草莓的照片，而非去咬草莓，只是幻想在品嘗它的甜美多汁。

感覺是什麼感覺？

感覺會以各種身體感官形式出現，包括：

- 能量
- 熱氣
- 刺痛
- 壓力
- 波潮
- 癢
- 疼痛
- 打呵欠（移動式能量）
- 緊繃
- 緊張（收縮）
- 抓攫
- 打結
- 輕盈
- 沉重
- 僵硬

我如何釋放我的感覺？

有很多不同方法可以釋放你不想要的意念或感覺。本書最後提供了17種方法，還有更多值得你探尋。

排除情緒障礙最快、最好的方法是什麼？

在一套叫做「豐富課程」（Abundance Course®）的課程中，教導了一個技巧叫做「釋放技巧」（Release® Technique）。

那套體驗訓練課程以現場上課、在家看學習CD或看書的方式研習。然而，我不建議用書本學習，因為這樣你只會學到知識，卻不能期望它會讓你受惠多少。在一位受過專業訓練的老師指導之下，你才能夠真正學到它的精華。當你透過現場上課或有聲課程，學會這個技巧之後，書本才會是很好的參考。

本書提及的大部分技巧都不是「豐富課程」中的一部分，但它們也經過驗證，確實有很大的效用，能釋放那些造成折磨、遮蔽我們批判能力的不必要的感情。

這些技巧有的是我個人自己發掘，有的是我多年來探

索情緒和釋放能力所累積而來的。我儘量把成就歸功於實現這些成就的人，然而，或許有一些技巧是我很多年以前學到，但我已經不記得第一個教我的人是誰。如果是這樣的話，請接受我的道歉，並且知道你在情緒釋放領域的貢獻是深被感激的。

釋放的形式並不重要。重要的是它的可行性。它們到底多麼有效？

它們會一個一個釋放情緒，還是會觸及產生所有負面、缺乏和限制的根源？「釋放技巧」是從根源著手。那是我發掘的唯一能讓人們辨識這些根源的技巧，很快地運作並引導它們，而不需要特別深入了解它們。

為何要觸及感覺的根源？

如果你不去觸及感覺的根源，你就會經常重複產生更多的負面、缺乏及受限的感覺。當你觸及情緒的根本源頭，你就能夠以比感覺重生更快的速度讓你的心靈靜下來。最後你會有完全平靜的心靈。

有多平靜呢？我會形容那就像凌晨三點時，在剛下過雪的荒郊野外路口那樣寧靜。一切都很平靜，一切都很

光明。這就是純淨自覺的自然狀態，是從心靈平靜而產生的。

以下就是觸及根源的範例：

你是否曾在自助餐廳看過那些放置餐盤的彈簧架？你拿起一個盤子，下一個就會跳上來，你拿起下一個，另一個又會跳上來，依此類推。「感覺」就像那樣，只不過它是無限的，如果根源一直都在的話。如果你釋放了根源，那就像是一次移除一疊盤子，最後你會更快來到那個內在平和的地方，而你的感覺也會停止快速再生。

如何善加利用這本書？

當你注意到一個問題或一個不想要的意念或感覺，請來看本書最後那17個一步步的釋放技巧，選擇當下對你適合的。

這張17個技巧清單是各種釋放方法的工具箱。它不是獨一無二的釋放法則，但裡面有一些很棒的手法能幫助你釋放情緒。

每個人釋放的方法都不同。有時候自我意識的心靈會抗拒某個方法，但另一個方法可以協助它放開負面感覺

（反生存程式）。它會抓著它們不放，是因為它以為它在保護我們。但如果你仔細想想有多少次你的消極情緒破壞了你的生活、健康、財務、和感情，你就會很快發現，它根本對你沒有好處。相對地，透過恐懼和負面情緒，它讓你專注於你在生命中不想要的東西，因此造成你去吸引更多你不想要的東西。這些技巧會把那樣的趨向顛倒過來，讓你釋放負面情緒，因而專注於吸引更多你真正想要的東西。

釋放情緒問答集

問：我如何知道我真的在釋放情緒？

答：測量它。在你開始釋放之前，先用零到十分去測量感覺的強度，零分是最平靜的，十分是最強烈、最不想要的。然後，當你使用那些釋放步驟後，再來測量一次，你就應該注意到它已經大幅減少了。

在釋放前後這樣做可以確認你真的在釋放感覺。這是很重要的，因為我們的心靈會試圖讓我們抓著那些感覺不放，經常會讓我們誤以為什麼事也沒發生，或是我們沒有任何進展，要我們放棄。這個測量標準至少會讓我們比較

清楚，我們在主觀層面上的情緒強度是否有任何變化。

問：我覺得自己被困住了。接下來該怎麼辦？

答：放開想改變的意願或排除這個被困住的感覺。它就會消失。

問：我什麼都感覺不到。我要如何釋放我感覺不到的感覺？

答：你不能釋放感覺不到的感覺。你得先感覺到那份感覺，才能釋放它。你不必感覺到全部或它完整的強度，但你需要把它帶進你的知覺意識當中。

我們經常壓抑我們的感覺太久，活在我們的頭腦中太久，我們已經忘了感覺是什麼。因此，我們經常會先壓抑。這就是遮蔽的抗拒力在保護其他感覺。你可以歡迎任何空白或麻木的感覺。它們也同樣是感覺。注意到它們的存在，放開想要改變它們的念頭。它們會移動，然後露出下方更深層那些被壓抑的感覺。一旦那些感覺浮現，請使用本書中的步驟來釋放它們。

問：如果我有心理或情緒上的問題，正在接受心理醫師的治療呢？

答：這不能取代心理醫師的治療，但通常可以有效地相輔相成。請在做這些練習之前向你的醫師諮詢。這些練

習有時候會讓很多情緒能量出現，而如果你的心理狀態已經不太穩定，對你而言可能會是太大的負擔。如果你在服藥，問你的醫生是否能夠減輕藥量，因為藥物通常會壓抑感覺。

問：當我釋放一份感覺，另一份更深的感覺似乎會浮現。

答：我們的感覺經常是一層層被壓抑的，就像洋蔥一樣。經常我們撕去一層之後，下面又有更深的一層。只要繼續那麼做就行了，你會覺得越來越輕鬆。要穿越那些層次最快的方法就是透過「釋放技巧」，它們教你如何觸及那些層次的根源，輕鬆排除大量的情緒。

技巧

你準備好了嗎？

我們開始吧。

每一種方法我都會清楚地告訴你各個步驟。有些會重複，但重複是為了讓你習慣這個基本過程，真正把它變成實際的能量或感覺的知覺，而非只是想著它或單純定義它。

情緒自由的第一堂課：
17個立刻釋放任何不想要的意念或感覺的方法

1. 歡迎那份感覺

歡迎那份感覺，而非抗拒它。

歡迎可以溶解通常只會壓抑感覺讓它困住的抗拒力。

以下就是歡迎感覺的簡單方法：

①低下頭，把手放在你的腹部或胸部，協助你感受那
　種感覺的知覺。

②注意到你身體的感覺。

③用零分到十分來評估感覺。

④假設一種歡迎感覺的態度，就像你歡迎一個朋友進
　你家門一般。只要對那份感覺敞開心胸讓它進來，
　大方邀請它進入你的知覺，歡迎它進入你的意識，
　而非只是躲避它。

⑤當你歡迎那份過去你不想要的感覺時，你會發現它
　會減輕或消失（因為你已經不再抗拒它）。

⑥再次用零到十來評估它。它減輕了嗎？如果是的
　話，那麼你的方向就對了。持續這樣做，直到它達

到零的標準。如果它沒有減輕，再使用這些步驟一次，或試試另一個方法。

2.跳進你的感覺中

當你跳進任何感覺的核心，可能發生兩件事。

如果那是負面的感覺，例如憤怒、悲傷或恐懼，它會消失，而且通常是立刻的。

如果那是正面的感覺，例如和平、愛或感激，它會增加。

這個練習和「歡迎感覺」相似，可是有一點點不同。

①低下頭，把手放在你的腹部或胸部，協助你感受那種感覺的知覺。

②注意到你身體的感覺。

③用零分到十分來評估感覺。

④注意到身體裡的那份感覺，讓你自己跳進那份知覺當中。也就是說，把你的意識帶進它的核心，看看那裡有什麼。

⑤感覺的核心是什麼？那是什麼感覺？

⑥如果你真的帶著感覺跳進去，而非只是想著它，你

就會注意到它開始減輕或消失（或是已經完全不見），因為已經沒有東西將感覺凝聚在一起。它是由一個東西凝聚而成的：那就是對它的抗拒。當我們尋找感覺的核心，我們是在讓那份感覺產生認知，而認知可以溶解感覺。

⑦再次用零到十來評估它。它減輕了嗎？如果是的話，那麼你的方向就對了。持續這樣做，直到它達到零的標準。如果它沒有減輕，再使用這些步驟一次，或試試另一個方法。

當我們對我們的感覺百分之百無抗拒時，它們就會輕而易舉地過去，而我們也會保持開朗和自由。

3.在心裡增加（加倍）

你為什麼要在心裡面增加或將感覺的強度加倍呢？

沒錯：因為那麼做可以讓它消失。

我曾在東岸的一家心靈健康診所工作。診所的院長是一位針灸師兼中醫師，而他曾告訴我，要消除腿部抽筋的方法就是「抓住它，然後用力把東西都擠出來」。他的解釋是，如果你的狀態是陽（緊繃），而你施加更多陽（更

多緊繃）在上面，它就會轉變為陰（放鬆）。我試了這個方法，真的有效。在感覺方面這個方法也很有效！因為道理是一樣的。

　　以下就是如何將這個方法用在感覺上的範例：

①低下頭，把手放在你的腹部或胸部，協助你感受那種感覺的知覺。

②注意到你身體的感覺。

③用零到十的標準來評估感覺。

④現在，讓它在強度上增加或加倍。

⑤在心裡讓那份感覺增強更多，更多，更多。

⑥當你增強它的同時，你會注意到它會減輕或消失。

⑦再次用零分到十分來評估它。它減輕了嗎？如果是的話，那麼你的方向就對了。持續這樣做，直到它達到零的標準。如果它沒有減輕，再使用這些步驟一次，或試試另一個方法。

這個技巧有用是因為以下兩個原因：

①根據量子物理學，你不能在同一時間讓兩個物體同

時占用同一空間。當你試圖在同時同地擁有一份感覺，然後擁有更多那份感覺，它們就會互相抵消並且消失。

②非抗拒性會消失。當你讓那份感覺增加的時候，你就不再抗拒它，而那也讓它浮現，通過，並且輕而易舉地消失。

4. 放開想要它不見的感覺

通常，當我們不喜歡一個感覺或意念時，我們都會和它搏鬥。我們會抗拒它，想要它不見。但那卻會更有效地讓我們緊抓著它不放。

當你放開想要改變、控制，或者拋開不想要的感覺、困住或麻木的知覺，或者抗拒，你就是在讓它改變並且消失，進而產生更多自由和開闊。放開「想要改變」的能量可以讓任何困住或麻木的能量移動。

①低下頭，把手放在你的腹部或胸部，協助你感受那種感覺的知覺。

②注意到你身體的感覺。

③用零分到十分來評估感覺。

④注意到你如何不喜歡那份感覺，以及你如何想要擺
　脫它。

⑤讓你自己暫時放開想要改變或想要拋開它的意念。

⑥你會注意到它在強度上會立刻減弱，或是完全轉
　移。

⑦再次用零到十的標準來評估它。它減輕了嗎？如果
　是的話，那麼你的方向就對了。持續這樣做，直到
　它達到零的標準。如果它沒有減輕，再使用這些步
　驟一次，或試試另一個方法。

　　想要改變或控制它的意念在你心中不停地強調它的
「缺乏改變」，所以它才會被困住。
　　放開任何想要改變的意念或感覺，讓它終於可以移
動。

5.感覺愛

①低下頭，把手放在你的腹部或胸部，協助你感受那
　種感覺的知覺。

②注意到你身體的感覺。

③用零分到十分來評估感覺。

④注意到你可能對你的感覺所持有的任何沒有愛的感覺。

⑤下定決心對你的任何感覺感受到愛。

⑥對你自己和你的感覺感受到愛：

(1)對那些感覺說「我愛你」。

(2)讓你自己對你的感覺感受到愛。

(3)然後，當你感受著你的感覺時，對你自己感受到愛。

⑦對任何升起的意念或感覺說「是」（表示接受或認同）。

⑧再次用零到十來評估它。它減輕了嗎？如果是的話，那麼你的方向就對了。持續這樣做，直到它達到零的標準。如果它沒有減輕，再使用這些步驟一次，或試試另一個方法。

愛的四個層面是允許、接受、認同和感激。選擇一個或多個層面，為你的感覺而去感受。

抗拒一向是我們感覺的「凍結劑」。它會凍結感覺。

允許、接受、認同和感激會融化凍結的感覺，讓它們

流動，讓那股能量自由移動。

　　愛一向是能夠溶解那些堅硬、受困、受限感覺的融冰劑，就像用一把熱刀切過冰奶油一般。

　　這個練習可以讓你重拾當你抗拒或與那些感覺搏鬥時，在無意識中投入那些感覺中的能量。

6. 用感激將不想要的感覺趕走

　　這和前一個練習很相似，除了這裡的重點是放在對感覺的感激和感謝上：

①低下頭，把手放在你的腹部或胸部，協助你感受那種感覺的知覺。

②注意到你身體的感覺。

③用零分到十分來評估感覺。

④對那個意念或感覺說「謝謝」。

・為什麼要感激它？因為負面的意念或感覺之所以在那裡，是因為在某種程度上你覺得它對你有幫助——或許是在保護你。然而，只有正面的感覺才能夠保護我們。負面的感覺會把更多負面的感覺吸引過來。所以，對感覺產生感激可以把你拉進一個正

面的環境，而你不可能同時覺得很幸運但又壓力過大。

・你不可能同時覺得感激又消極。因此負面的感覺必須消失。

⑤再次用零到十來評估它。它減輕了嗎？如果是的話，那麼你的方向就對了。持續這樣做，直到它達到零的標準。如果它沒有減輕，再使用這些步驟一次，或試試另一個方法。

7. 拋開那份感覺

這是釋放任何不想要的意念或感覺最簡單、最快的一個方法。

試試這個方法：

①拿一枝筆。

②將它緊握在手中。

③緊抓住它，拿到你的腹部或胸前，或是你平常注意到你都會緊抓著情緒不放的地方。

④感覺你的手抓拿著筆的緊繃力，直到你幾乎很不舒服。

⑤我們就是那樣在抓著我們的感覺的。

⑥現在，把手臂伸直在你面前，依然抓著那枝筆，然後手掌向地面。

⑦現在，鬆開你的手指，讓筆掉下去。

⑧看到那有多容易了嗎？當場放開任何不想要的意念或感覺，就是那麼容易。

感覺不會緊抓著我們不放。事實上，是我們緊抓著它們不放。感覺想要像能量一樣自由流通，是我們緊抓著它們而限制了它們。所以，讓它們流動，放它們走吧！

8. 做有意識的比較

我們絕對不會故意去傷害或限制我們自己。然而，在無意識下，我們卻每天都在這麼做。

讓無意識變得有意識，我們就可以批判（知道我們自己在做什麼），而在這個過程中我們經常會主動釋放那些對我們無益的感覺。

事實上，是批判讓釋放變得可能。做有意識的比較讓我們知道，我們不是我們的感覺，我們的感覺沒有抓著我們，而我們是可以有選擇，決定是否抓著那些感覺或放它

們走的。

　　以下是一些問題，你可以問你自己，展開你的批判過程。這是利用心靈來解放限制的心靈練習。

①當我在想＿＿＿＿＿＿（寫下問題或造成壓力的情況），我的感覺是正面還是負面的？故意選擇正面。

②我是自由還是束縛的？你選擇哪一個？

③這是愛還是恐懼？你選擇哪一個？

④這是疑惑還是信心？你選擇哪一個？

⑤這是充足還是缺乏？你選擇哪一個？

⑥這是一體還是分開？你選擇哪一個？

⑦這是和平還是干擾（恐懼）？你選擇哪一個？

⑧這是釋放／輕鬆還是收縮？你選擇哪一個？

⑨我和這個人／感覺／問題是一體的還是分開的？你選擇哪一個？

⑩我對＿＿＿＿＿＿（充足、我自己、自由、我的目標等等）在說「是」還是「否」？你選擇哪一個？

⑪我在歡迎還是拒絕？你選擇哪一個？

⑫我是開放的還是封閉的？你選擇哪一個？

⑬我是放鬆的還是緊繃的？你選擇哪一個？

⑭我寧願自由還是被束縛？快樂還是不快樂？平靜還是害怕？安全還是不安全？你選擇哪一個？

⑮我在把東西推開還是緊抓著？或者，我是否接受事實，讓事物維持原狀？你選擇哪一個？

⑯我是否在對他人及生命付出，或者我是想從他們身上得到什麼？你選擇哪一個？

⑰我內心是吵鬧還是安靜的？你選擇哪一個？

9. 當那片天空

大自然可以提醒我們屬於我們的真正本質。

①抬頭看天空。

②你是否注意到有任何雲朵飄過，或者它是一望無際的寬闊？

③注意到天空既沒有抓住任何雲朵（或鳥、飛機、衛星等等），也沒有試圖把它們推開。它沒有讓它們做什麼，也沒有拒絕它們什麼。天空只是在那裡，一個敞開的空間。

④感覺天空的遼闊和開敞。

⑤注意到你內心升起的那份開闊感，一種更深、更寬廣、更開闊的知覺狀態。

⑥如果有任何意念或感覺升起，看著它們像雲朵一樣飄過。看著它們，但卻沒有任何附著或想要趕走它們的感覺。讓它們飄過去。

⑦繼續回到你內心那份和天空一樣遼闊的感覺。

你無法看見不屬於你內在的外在一切。因此，天空和空間的無限就是你的內心所看到的。

10. 飄走

我們的心靈經常像湍急的河流般，將我們拉進意念的水流中。

我們並不需要和它們一起走。

下一次你注意到你自己被拉進不想要的意念或感覺中，試試看這個方法：

①在心中想像自己跪在一條湍急的河流旁，安全地在乾乾的河岸上。

②感覺你內心奔騰的感覺。

③把那些感覺放進河流裡。

④讓它們很快被水沖走。

⑤讓任何意念、感覺或擔憂被沖進大海，像鹽巴一般
　溶解在浩瀚的大海中。

⑥把你的意識帶回你平靜、無聲的自我，靜靜地坐在
　河岸上，不再有任何困擾的情緒。

⑦如果還有別的情緒，繼續把它們扔進湍急的河流
　中，讓它們被沖進大海，直到你內心完全寧靜。

11. 放開不認同你自己或你的感覺的意念

我們大部分的人常常都不認同我們自己或我們的感
覺。

這就像是摔斷了腿，卻還一直拿棍子打它。根本於事
無補！不但在傷害它，而且讓事情變得更糟。

當你感覺到一份不想要的感覺時，就這樣做：

①找出那不被認同的能量。

②歡迎它出現。

③讓自己開始放開任何不認同你自己或你的感覺或意
　念的能量。

④一直這樣做……繼續做……繼續做……直到它消
　失。

⑤每天花一點時間，注意是否有任何不認同的感覺，
　選擇放開它，直到它消失。

在不認同我們自己的同時，試著往前走並且感受愛，
就彷彿是一邊踩著煞車一邊開車一般。

當我們不認同我們自己卻要感受到愛是根本不可能
的，而那對大部分的人來說幾乎是個習慣。

在放開不認同的能量之後，你就會覺得能夠更加自由
地移動到你所認同的能量。

12. 認同你自己

給你自己無條件的認同，只因為你在呼吸，而且還活
著！

認同你自己是什麼意思？那表示去喜歡或接受你自
己。

如果你覺得很困難，回到前一個練習，放開更多不認
同的感覺；否則，你就彷彿在一邊踩煞車一邊開車。

以下是我向一位「釋放技巧」畢業生康・巴克席

（Kam Bahkshi）所學來的方法：

①先從極少的認同開始——只有一點點。從你的頭頂上倒下去，讓它沉澱下去。

②你一旦吸收了那一點之後，給你自己更多一些——一小杯。接納它。

③然後給你自己更多——像一杯咖啡那麼多。

④然後，再多一點——一個水桶那麼多。

⑤再多一點——一個浴缸那麼多。

⑥再多一點——像瀑布一樣多的認同能量。

⑦然後是像一整片湖一樣多的正面、充滿愛、自我認同的能量。

⑧最後是一整片海洋的認同。

⑨讓你自己像海綿般漂在這個充滿正面接受和認同的海洋中。

⑩讓它沉澱滲透每個細胞。沉浸在其中。

你最好把這整個進程背起來，每天都閉著眼睛做一次。這對你的健康、快樂、富裕和自由是很有效的練習。

13. 像一個紅色氣球般飄上天

有人教我用這個方法來消除頭痛。我覺得很有效（我都不再頭痛了）。它可以備用在消除任何疼痛上，也可以有效消除任何不想要的意念或感覺。

以下就是方法：

①感覺你身體中任何不想要的感覺（或疼痛）。

②把那些地方想成是鮮紅色的能量。

③把一個紅色氣球放在那個能量四周，把它用一條繩子綁住。

④讓它飄上天，離開你的身體和心靈。

⑤看著它飄走，飄得越高越遠，越來越小，越來越小，直到它完全消失在視線之外，把它放走。

14. 讓它蒸發

這是另一個「溶解」技巧：

①想像你不想要的意念或感覺就像是水。

②讓它們像發熱的人行道上的水蒸氣般蒸發。

③當它們蒸發時，讓你自己感覺到它們離開之後所創

　　造出的那片空曠。

④在這片空曠中放鬆。

　　負面感覺所帶來的威脅或許感覺很真實，但它們只不過是海市蜃樓罷了，就像沙漠中或馬路上的熱氣一般，看起來會讓人誤以為是水。它們沒有實質。讓不想要的感覺像海市蜃樓般蒸發溶解。

15. 用水閘門來控制流量

　　我們被壓抑的感覺事實上是累積的能量（光子）。當這個能量累積起來，它就需要更多能量來壓抑並且管理它（把它控制住）。當我們釋放（解放）這股壓力時，我們就能好好放鬆地過生活。

　　以下是解放這股壓力的方法：

①低下頭，把手放在你的腹部或胸部，協助你感受那種感覺的知覺。

②注意到你身體的感覺。

③用零分到十分來評估感覺。

④看著你腹部或胸口的那份感覺，把它想成是有壓力

的水。

⑤在心裡想像那股能量有一個水龍頭或閘門。

⑥打開那個閘門，讓感覺流出來。

⑦你可以任意打開或關上那個閘門來控制流量。

⑧讓感覺流走，直到你覺得內心平靜。

⑨再次用零到十的標準來評估它。它減輕了嗎？如果
　是的話，那麼你的方向就對了。持續這樣做，直到
　它達到零的標準。如果它沒有減輕，再使用這些步
　驟一次，或試試另一個方法。

16. 放開百分之一就好

　　有時候我們想到要歡迎感覺出現，放開我們壓抑的感
覺，就覺得不知所措。

　　記住，你沒有必要一次放開所有的感覺。不要讓你的
感覺淹沒了你。

　　試試看這個方法：

①注意看看感覺是否太大而無法放開。

②選擇只放開百分之一的感覺。

③讓那百分之一的感覺被放開（你可以把它拋開，或

是使用本書中的任何其他方法）。

你會注意到你事實上會放開超過百分之一的感覺，並發現自己變得更輕鬆、更自由。

17. 用同情心擁抱它

每個人都需要愛和同情。我們的感覺也一樣。沒有愛就是造成我們問題的原因。愛和同情能夠治癒一切。

試試看把同情的方法用在你的感覺上：

①低下頭，把手放在你的腹部或胸部，協助你感受那種感覺的知覺。

②注意到你身體的感覺。

③用零分到十分來評估感覺。

④現在，你能夠用愛和同情去擁抱那份感覺，就像一個母親或父親抱著一個受傷的孩子一樣嗎？

⑤安慰那份感覺。

⑥讓你自己和那份感覺的疼痛或不適結合為一。

⑦當你對它感到同情時，它就會變得越來越弱，最後完全消失。

⑧再次用零到十來評估它。它減輕了嗎？如果是的話，那麼你的方向就對了。持續這樣做，直到它達到零的標準。如果它沒有減輕，再使用這些步驟一次，或試試另一個方法。

　　附註：這個特別專題由彼得·米歇爾提供，並經他允許在此使用。他的書裡有50多種清除障礙的方法，欲參考者請看www.emotionalfreedom101.com。